Ronald Gohl

Handicapguide

Ausflugsspass ohne Hindernisse
Band 2

el **EDITION LAN**

Inhaltsverzeichnis

01 – Silvaplanersee 10
02 – Aroser Weisshorn 14
03 – Elm Ämpächli 20
04 – Obersee 26
05 – Flumserberg 32
06 – Toggenburger Klangweg 38
07 – Schwägalp und Säntis 44
08 – Bodensee-Arena 50
09 – Frauenfeld 56
10 – Rheinau 62
11 – Pfäffikersee 68
12 – Zoo Zürich 74
13 – Blindenhundeschule 80
14 – Pilatus 86
15 – Vierwaldstättersee 92
16 – Sattel-Hochstuckli 98
17 – Einsiedeln 104
18 – Swissminiatur 112
19 – Ascona 118
20 – Sörenberg 124
21 – Naturmuseum Solothurn 130
22 – Sensorium 136
23 – Naturhistorisches Museum 142
24 – Papiliorama 148
25 – Schwarzsee 154
26 – Gstaad und Saanen 160
27 – Hasliberg 168
28 – Ballenberg Ost 174
29 – Fieschertal 180
30 – Eggishorn, Märjelensee 186

Vorwort

Liebe Leser

Ferien ohne Handicap für Menschen mit einer Mobilitätsbehinderung – was wir bereits mit unserem ersten Band «Ausflugsspass ohne Hindernisse» begonnen haben, setzen wir nun aufgrund des guten Feedbacks seitens von Betroffenen, Tourismusverantwortlichen und Behindertenorganisationen mit dem vorliegenden Ausflugsführer «Handicapguide – Ausflugsspass ohne Hindernisse, Band 2» fort.

Wieder haben wir 30 spannende Ausflugsziele ausgewählt, getestet und für Sie im neuen Freizeitführer zusammengestellt – vom interessanten Naturmuseumsbesuch über wunderschöne Rundwanderungen bis zur anspruchsvollen Königsetappe im Wallis.

Der vorliegende Ausflugsführer entstand in enger Zusammenarbeit mit Mobility International Schweiz, der Reisefachstelle für Menschen mit Behinderung. Weiter war die Realisation nur dank grosszügigen Spenden von verschiedenen Organisationen möglich. Diesen allen gebührt ein herzliches Dankeschön.

Ich wünsche Ihnen und Ihren Freunden oder Angehörigen sonnige und erlebnisreiche Tage in der Schweiz.

Ronald Gohl

Übersichtskarte

Es bewegt sich was …

Die Schweiz bietet zahlreiche attraktive Ausflugsziele, welche das Alpenland in der ganzen Welt als Ferienregion beliebt und bekannt gemacht haben. Nicht immer sind diese auch für Menschen mit einer Mobilitätsbehinderung zugänglich. In den letzten Jahren haben allerdings gesetzliche Grundlagen und

Einführung

das grössere Bewusstsein der Urlaubsdestinationen und Ferienanbieter dazu beigetragen, dass auch Ausflügler mit einer Behinderung vermehrt das Land erkunden können. Ein gutes Beispiel bietet das Toggenburg, das sich das Ziel gesetzt hat, «Ferien für alle» anzubieten. In einer Broschüre wird das gesamte, für Mobilitätsbehinderte geeignete Angebot (Wanderungen, Hotels, Bergbahnen und vieles mehr) vorgestellt. Sämtliche Einrichtungen wurden zusammen mit Mobility International Schweiz, der Reisefachstelle für Menschen mit Behinderung, sowie betroffenen Personen getestet und vermessen.
Doch auch in anderen Regionen macht man sich für barrierefreie Angebote stark.

Wichtige Kontakte

SBB Call-Center Handicap:
Tel. 0800 007 102
mobil@sbb.ch – www.sbb.ch/mobil

Mobility International Schweiz:
Tel. 062 206 88 35
info@mis-ch.ch – www.mis-ch.ch

Eurokey:
Tel. 0848 0848 00
www.eurokey.ch

Bahnhofshilfe:
www.compagna.ch
www.profilia.ch

Rollstuhlgängige öff. Verkehrsmittel:
www.fahrplanfelder.ch
(Menü Rollstuhl)

Rollstuhlgängige Hotels Schweiz:
www.rollihotel.ch

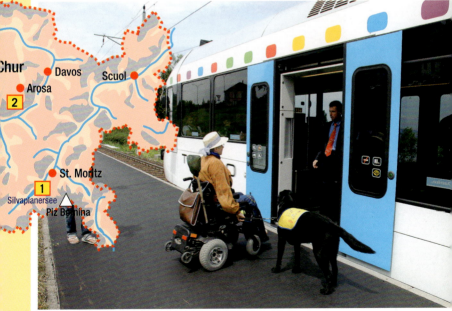

Am Anfang jedes Ausfluges oder jeder Wanderung steht die Anreise: Viele öffentliche Verkehrsmittel, wie die Züge des «Thurbo», sind für Rollifahrer kein Problem mehr.

Einführung

*Oben: Starke Erlebnisse – bezaubernde Rundwanderung am Glarner Obersee.
Seite 5: Von der Walliser Fiescheralp wandern wir in Richtung Märjelensee.*

Da trifft man zum einen auf einer Alp oberhalb von Sörenberg ein komplett rolligängiges Berghotel und zum anderen Tourismusverantwortliche, welche sich bemühen, Anlagen hindernisfrei zu gestalten und auf Anregung des Autorenteams dieses Führers noch bestehende kleine Mängel zu beheben.

Am schnellsten und bequemsten werden die barrierefreien Ausflugsziele mit dem eigenen Auto erreicht. Doch nicht jeder Rollifahrer hat ein Auto. Aus diesem Grund haben wir in diesem Führer besonderen Wert darauf gelegt, auch die Anreise mit dem öffentlichen Verkehrsmittel vorzustellen. Nicht alle Ziele sind zuzeit mit Bahn und Bus gut erreichbar, bei einigen Ausflügen muss ein Behindertenfahrdienst gebucht werden. Generell sollte man rechtzeitig den Ausflug beim öffentlichen Verkehr anmelden.

Erste Anlaufstelle ist immer das SBB Call-Center Handicap mit der Gratisnummer 0800 007 102. Hierzu wurde eine Broschüre herausgegeben, welche telefonisch bestellt oder übers Internet unter www.sbb.ch/mobil als PDF heruntergeladen werden kann. Manchmal kommt es auch vor, dass ein Bahnhof offiziell nicht als sogenannter

Fotos: Ronald Gohl

Einführung

Stützpunkt gilt, dennoch gibt es vor Ort einen Mobilift. Zurzeit ist bei verschiedenen Privatbahnen (z. B. Matterhorn-Gotthard-Bahn, Rhätische Bahn u. a.) noch veraltetes Rollmaterial unterwegs, welches zu starken Einschränkungen der Mobilität führt.

Mangels Finanzen wird bei diesen Bahnen teilweise erst im nächsten Jahrzehnt das Rollmaterial ersetzt. Geradezu mustergültig ist dagegen das Bahnunternehmen «Thurbo» in der Ostschweiz. Die Niederflur-Gelenktriebwagen des Schweizer Herstellers Stadler halten fast immer an Stationen mit erhöhtem Perron, so dass beim Ein- und Aussteigen nicht einmal ein Niveauunterschied überwunden werden muss. Auch bei den Postautos wurde inzwischen eine erfreuliche Entwicklung festgestellt. Immer mehr ungeeignete Busse werden ersetzt. Wo aufgrund der Topografie keine Niederflurfahrzeuge eingesetzt werden können, kommen neu immer mehr Postautos mit eingebautem elektrischem Mobilift zum Einsatz.

Sind wir einmal im Ausflugsgebiet angelangt, so ist eine Traktionshilfe vor allem auf Wanderwegen natürlich von Vorteil – sei es nun ein Scooter, ein Swiss-Trac oder ein Handbike für sportliche Rollifahrer.

Klassifizierung

Mittels einer dreistufigen Schwierigkeitsskala wurden die Touren in leicht, mittelschwer und anspruchsvoll eingeteilt.

Unsere Tour ist leicht und erholsam wie ein Spaziergang. Es gibt nur unbedeutende Höhenunterschiede, die aus eigener Kraft bewältigt werden können. Meist treffen wir nur auf kurze, etwas anspruchsvolle Streckenabschnitte.

Unsere mittelschweren Touren sind etwas länger und erfordern mehr Ausdauer. Es kann rütteln und schütteln, öfter mal bergauf und bergab führen – auch länger. Mit Querneigungen müssen wir rechnen, und eine Begleitperson sollte uns bei Bedarf helfen.

Die Tour ist anspruchsvoll und erfordert ein Maximum an Kondition. Sportliche Rollifahrer kommen voll auf ihre Kosten. Bei weniger sportlichen Ausflüglern kommt es auf die Einsatzkräfte der Begleitperson an. Es geht steil bergauf, und Querneigungen können knifflig sein.

Kommen Swiss-Trac oder Elektrorollstühle zum Einsatz, sind zumindest die Steigungen von geringerer Bedeutung – Querneigungen sowie Bodenbeschaffenheit bleiben zu beachten.

Oberengadiner
Seenlandschaft zum Träumen **1**

Silvaplanersee

Die Wanderung von Silvaplana/Surlej nach Sils gehört zu den Oberengadiner Klassikern. Sie führt über grosse Strecken parallel zum Ufer und bietet dabei einen einzigartigen Ausblick auf die Oberengadiner Seenlandschaft. Mit dem Rolli ist diese Tour machbar, allerdings ist unterwegs ein steiler Aufstieg zu bewältigen, den man kaum aus eigener Muskelkraft schafft.

 Silvaplana/Surlej (1877 m ü. M.) liegt auf zwei Flussdeltas zwischen Champfèr- und Silvaplanersee.

 Über Chur mit der RhB nach St. Moritz, von dort aus weiter mit dem Engadin-Bus bis zur Haltestelle Surlej-Brücke (Kursbuch 940, 940.80).

 Von Chur via Tiefencastel und den Julierpass nach Silvaplana. Parkhaus Munterots mit 3 Rolliparkfeldern im 2. Untergeschoss.

 Die Wanderung ist je nach Schneelage im Oberengadin von Anfang Juni bis Mitte Oktober machbar.

 Die reine Wanderzeit ohne Pausen von Surlej nach Sils beträgt mit dem Rolli rund zwei Stunden.

 Am Anfang und am Ende ebener Wanderweg, in der Mitte gehts etwa 50 Höhenmeter hinauf und hinunter.

 Silvaplana Tourismus
Via dal Farrer 2
7513 Silvaplana
081 838 60 00
www.silvaplana.ch

*Oben: Alpenrosen am Seeuferweg.
Unten: Diese Steigung hat es in sich!*

Auf unserer Wanderung kommen wir auch am Schloss in Surlej vorbei.

Bei Suot l'Ova haben wir das südliche Ende des Silvaplanersees erreicht.

Unser Ausflugsziel

Unsere Wanderung beginnt beim Parkhaus Munterots, sofern wir mit dem Auto angereist sind. Mit dem Lift fahren wir nach oben, wo sich das Rolli-WC befindet. Anschliessend rollen wir bergab (6 %) am Volg vorbei zum Kreisel, hier nehmen wir die Unterführung und kommen nach ca. einen Kilometer zum Parkplatz Surlej, wo sich auch die Bushaltestelle «Surlej-Brücke» befindet. Nach dem Parkplatz zweigen wir rechts in den Wanderweg ab. Dieser führt uns am Schloss vorbei leicht bergauf und bergab über die Weite des Deltas bis zum Waldrand, wo wir den Bach überqueren (Steigung 16 % über 15 m) und bei der Feuerstelle rasten können. Anschliessend gehts dem Uferweg entlang weiter bis zur grossen Steigung bei Palüdetta. Wer hier nicht hinauf mag, kehrt um und geniesst die herrliche Landschaft in der Gegenrichtung nochmals in vollen Zügen. Wenn wir das geschafft haben, rollen wir über den Wanderweg im lichten Lärchenwald weiter (Steigung 12 % über 100 m, Gefälle 12 % über 150 m, wobei 19 % über 40 m). Nachdem wir uns bei Plaun da la Rabgiusa wieder dem Ufer genähert haben, gehts eben weiter. Zunächst wieder dem See entlang und ab Suot l'Ova durch die Wiesen zur Talstation der Furtschellas-Bahn (Rolli-WC bei der Bergstation). Das letzte Stück fahren wir auf einer Quartierstrasse, münden bei Sils in die Dorfstrasse ein und fahren mit dem Bus zurück zum Ausgangspunkt.

Rolli-Infos

Bei Umkehr in Palüdetta leichter Ausflug!

Öffentliche Verkehrsmittel
Mobilift am Bahnhof St. Moritz. Ausklappbare, steile Rampe im Engadin-Bus.

Bodenbeschaffenheit
Kopfsteinpflaster vor dem Rolli-WC in Silvaplana, Asphalt auf Trottoir und Zubringerstrasse in Sils, gut griffige Wanderwege mit kleineren Steinen und Wurzeln.

Neigungen
Gefälle 16 % über 30 m und Steigung 8 % über 20 m in der schneckenförmigen Unterführung beim Kreisel Silvaplana. Starke Steigung nach etwa 3,5 km im Bereich von Palüdetta: 16–25 % über 100 m. Danach folgt Steigung 12 % über 100 m und schliesslich steile Abfahrt vor Plaun da la Rabgiusa (19 % über 40 m).

Signalisierung
Der Weg vom Parkplatz in Surlej bis Sils ist mit gelben Wanderwegweisern markiert.

Hindernisse/Zugänge
Wer mit dem Auto anreist, benützt den Lift (138 x 105 cm, Tür 90 cm), danach muss er durch die Unterführung beim Kreisel. Die Rampe (Gefälle 10 %, Breite 150 cm) wurde schneckenförmig angelegt. Entlang dem Seeweg gibts mehrere Querschwellen (Wasserabfluss), diese sind jedoch einfach befahrbar. Auf dem Wanderweg sind auch zahlreiche Velofahrer unterwegs.

Rollstuhlgängige WCs
Rolli-WCs gibts beim Bahnhof St. Moritz und im nahe liegenden neuen Parkhaus, beim Parkhaus Munterots Silvaplana (Richtung Dorf) sowie im Parkhaus in Sils. Zum Beispiel das Rolli-WC Sils: Türbreite 87 cm, Sitzhöhe 47 cm, Haltegriffe rechts mobil, links keiner, Klappspiegel, Lavabo unterfahrbar (72 cm).

Restaurant/Rastplätze
Gut zugängliche Feuerstelle beim Waldanfang in Surlej, Restaurant Plazzet beim Sportplatz in Sils.

Übernachtung
Das Hotel Silserhof (Tel. 081 838 41 00) liegt in Sils-Baselgia und verfügt über sechs geeignete Zimmer. Haus für Gruppen, Familien und Einzelpersonen. Das Hotel Seraina bei der Post in Sils (Tel. 081 838 48 00) wurde umgebaut und soll ab 2008 rollstuhlgängig sein.

Hilfestellungen
Wegen den steilen Passagen nur mit kräftiger Begleitperson oder Swiss-Trac möglich.

Besonderes
Mit dem Swiss-Trac könnte es möglich sein, die Steigung rückwärts im Alleingang zu bewältigen.

Fahrdienste, Taxis
Erich´s Taxi, St. Moritz
Tel. 081 833 35 55

Wer mit dem Auto anreist, beginnt seine Tour in Silvaplana. Beim Parkhaus Munterots gibts auch ein Rolli-WC.

Wer mit dem Bus anreist, beginnt die Wanderung bei der Haltestelle Surlej-Brücke.

Von der Post in Sils fahren wir mit dem Engadin-Bus zurück zur Post in Silvaplana.

Die Steigung bei Palüdetta ist mit 25 % über 50 m eine richtige Knacknuss.

Sils ist autofrei. Nur Zubringerfahrten sind erlaubt. Umso mehr freut man sich über die Begegnungen mit Pferdegespannen.

Fotos: Ronald Gohl

13

all-inclusive.ch – Gratisbergbahnen in Arosa **2**

Aroser Weisshorn

Wer im Bündner Ferienort Arosa während der Sommersaison übernachtet, kann die Bergbahnen zum Nulltarif benutzen. Auch der Dorfbus, das Schwimmbad, die Pedalos und das Parkieren kosten nichts. Tagesgäste bezahlen pro Person wenige Franken und kommen in den Genuss der gleichen Leistungen. Eine ganze Reihe barrierefreier Ausflugsziele erwartet uns in Arosa.

Arosa (1739 m ü. M.) liegt zuhinterst im Bündner Seitental Schanfigg auf einer sonnigen Hochebene mit Seen.

Von Chur mit der RhB nach Arosa. Hinter dem Bahnhof befindet sich die Talstation der Weisshornbahn (Kursbuch 930, 2910).

Von Chur-Nord durch die City, anschliessend über eine kurvenreiche Strasse hinauf nach Arosa. Keine speziellen Rolli-Parkfelder.

Die Luftseilbahn Arosa–Weisshorn fährt von ca. Mitte Juni bis Mitte Oktober. In dieser Zeit sind auch die Wanderwege geöffnet.

Die reine Wanderzeit ohne Pausen von der Mittelstation übers Prätschli nach Arosa dauert 1 h 45 min.

Ausser der kurzen Strecke vom Bahnhof zur Talstation alles bergab (276 Höhenmeter).

Arosa Bergbahnen
7050 Arosa
Tel. 081 378 84 84
www.arosabergbahnen.com

Oben: Geräumige Kabinen der Luftseilbahn. Unten: Trotti und Rolli auf dem Prätschliweg.

Zahlreiche Ruhebänke entlang unseres Weges laden zum gemütlichen Picknick ein.

Bei der Bergstation Weisshorn können wir einige Meter auf der rollstuhlgängigen Terrasse fahren und die Aussicht in die steil aufragenden Bündner Berge geniessen.

Unser Ausflugsziel

Weil am Aroser Weisshorn kalkreicher auf kalkarmen Boden trifft, gedeihen rund 900 verschiedene Arten von Blütenpflanzen, 30 Farne, 250 Moose und Pilzarten. Es lohnt sich deshalb, nicht nur einen Blick auf die herrliche Bergwelt und das Panorama, sondern auch auf den Boden zu werfen.

Unser Ausflug beginnt am Bahnhof von Arosa. Wer mit dem Auto anreist, kann dieses beim Parkplatz in der Nähe der Abstellgleise der Rhätischen Bahn parken. Dort gibts zwar keine Rollifelder, dafür ein modernes Rolli-WC. Wir fahren dem See entlang und biegen zwischen Bahnhof und Posthotel in ein Strässchen (Steigung 10 % über 15 m), das hinauf zur Talstation der Weisshornbahn führt. Dort wurde alles für Besucher im Rolli bestens eingerichtet. Keine Stufen, nur breite elektrische Glasschiebetüren, keine Hindernisse. Der Lift bringt uns hinauf zur Plattform der riesigen Luftseilbahn, wo selbst eine Gruppe Rollifahrer problemlos Platz findet. Das kleine Hindernis bei der Mittelstation (Drehkreuz) ist kein wirkliches Problem, da es umfahren wird (Glasschiebetür des Ausgangs), und schon schweben wir mit der Anschlussbahn zur Bergstation auf 2653 Meter hinauf. Oben angekommen gehts links hinaus, eine Flügeltür öffnet sich wie von Geisterhand. Wir fahren durchs Restaurant und über eine kurze Rampe (21 % über 2 m) auf

Rolli-Infos

Öffentliche Verkehrsmittel
Mobilift an den Bahnhöfen Chur und Arosa. In Chur müssen wir von den SBB in den Schmalspurzug der RhB umsteigen. Dieser fährt auf dem Bahnhofsplatz ab. Zwischen Chur und Arosa verfügen nicht alle Züge über Rolliabteile.

Bodenbeschaffenheit
In Arosa Asphalt, in den Stationen Steinböden, auf dem Weisshorn Bodenplatten mit kleinen Grasfugen. Wanderwege: bis Prätschli Asphalt, danach Kiesstrasse.

Neigungen
Zwischen dem Bahnhof und der Talstation der Aroser Weisshornbahn liegt die einzige Steigung (10 % über 15 m). Zwischen dem Restaurant bei der Bergstation und der Terrasse gilt es eine kurze Rampe zu überwinden (21 % über 2 m). Beim Ausgang Mittelstation treffen wir auf eine weitere Rampe (Gefälle 26 % über 5 m). Auf dem Wanderweg gehts nur bergab. Das max. Gefälle beträgt 18 % über 5 m.

Signalisierung
Der Weg ist mit gelben Wanderwegweisern markiert.

Hindernisse/Zugänge
Nachdem wir an der Kasse ein Ticket gekauft haben, werden wir angewiesen, den Lift zu benützen. Wir fahren durch die Glasschiebetür wieder hinaus und benützen die gegenüberliegende Glasschiebetür zur Verwaltung. Dort nehmen wir den Lift (94 x 208 cm, Tür 77 cm). Er bringt uns hinauf zum Vorplatz des Perrons. Weil wir bei der Mittelstation nicht durch die Drehkreuze können, öffnet uns der Mann im Kassenhäuschen die Glasschiebetür des Ausgangs.

Rollstuhlgängige WCs
Rolli-WCs gibts bei der Talstation (1. Stock Verwaltung), bei der Mittelstation (Schlüssel im Kassenhäuschen verlangen), bei der Bergstation (Schlüssel im Restaurant) sowie beim Parkplatz unten am See (Eurokey). Zum Beispiel das Rolli-WC bei der Mittelstation: Türbreite 88 cm, Sitzhöhe 53 cm, Haltegriffe rechts mobil, links keiner, Klappspiegel, Lavabo unterfahrbar (67 cm).

Restaurants
Mittelstation (etwas schwierig zu öffnende Tür), Bergstation (alles automatische Türen) sowie zum Abschluss Strassencafé beim Posthotel. Viele gut zugängliche Ruhebänke fürs Picknick unterwegs.

Übernachtung
Das Hotel Alpina (Tel. 081 377 16 58) in der Nähe vom Coopcenter an der unteren Prätschlistrasse verfügt über drei Spezialzimmer, davon ein Zimmer mit Badewannenlifter.

Besonderes
Weil es viel bergab geht, ist ein Swiss-Trac oder ein Handbike von Vorteil. Elektrorollis nehmen vom Prätschli die Teerstrasse über den Hof Maran.

Nach dem Hotel Prätschli zweigen wir in der scharfen Linkskurve in den Prätschliweg ab.

Weil es gleich viel oder gar nichts kostet, schweben wir zunächst aufs Weisshorn.

Wie bei der Mittelstation sind die Wanderwege in Arosa überall gut markiert.

Fotos: Ronald Gohl, Arosa Tourismus (Seite 18 oben)

2 ▸ *Gigantische Wasserorgel*

Eine Übernachtung in Arosa lohnt sich nicht nur wegen der langen Anreise oder wegen des All-inclusive-Angebotes. Ein besonderer Leckerbissen sind die Wasserspiele nach dem Eindunkeln. Über 1000 Düsen sprühen während 30 Minuten eine Million Liter Wasser des Obersees in die Höhe. Das Spektakel wird mit Musik aus 20 Lautsprechern choreographiert und bietet so manchem Besucher ein Ah- und Oh-Erlebnis. Die Wasserorgel, wie sie in Europa sonst nirgends mehr zu finden ist, spritzt pro Minute 39 000 Liter Wasser in die Höhe, eine 70 000-Watt-Lichtshow macht daraus eine farbenprächtige Show. Während der Sommersaison (Juni bis Oktober) findet das Spektakel (ausser bei Sturm oder Gewitter) jeweils Dienstag-, Freitag- und Samstagabend um 21.50 Uhr statt.

die Aussichtsterrasse. Nachdem wir uns am Panorama sattgesehen haben und den «Gipfelkaffi» getrunken haben (nicht im All-inclusive-Angebot enthalten ...), gehts auf dem gleichen Weg zurück zur Mittelstation, wo uns beim Ausgang eine steile Rampe (Neigung 26 % über 5 m) erwartet. Wir nehmen die Kiesstrasse rechts, fahren am Sessellift Brüggerhorn vorbei und erreichen nach wenigen Metern eine Teerstrasse, auf der nur autorisierte Fahrzeuge verkehren dürfen. Wir wandern nun über den bezaubernden Arlenwald und eine scharfe Rechtskurve zur Maraner Alp hinunter. Nach dem Hotel Prätschli folgen wir dem Holzwegweiser «Prätschlistrasse» geradeaus und fahren bald auf einer feinkörnigen Kiesstrasse. Wir unterqueren weiter unten Luftseilbahn und Sessellift und treffen in einer Haarnadelkurve wieder auf eine asphaltierte Strasse. Wir rollen bergab und zweigen beim Waldhotel National links in die Tomelistrasse ab. Beim Parkplatz mit dem Rolli-WC mündet unser Bergab-Parcours in die ebene Seestrasse. Weils so schön ist, entschliessen wir uns noch für eine Runde um den See. Hierzu benützen wir das Trottoir und den separaten Fussweg.

Rösslikutschen gehören ins Dorfbild von Arosa.

Oben: Unser Weg führt zunächst ziemlich eben durch den Arlenwald.
Unten: In Arosa angekommen, umrunden wir den bezaubernden Obersee.

Zwischen Martinsloch und Elmar's Goldmine — 3
Elm Ämpächli

Elm, zuhinterst im Glarner Sernftal, bietet nebst dem Elmer Citron, der ehemaligen Skirennfahrerin Vreni Schneider und dem Martinsloch, wo zweimal im Jahr die Sonne durch den Fels scheint, noch einiges mehr. Das Ämpächli, unser Ausflugsziel, ist ein richtiges Familienparadies – aber auch mit dem Rolli gelangen wir ohne nennenswerte Hindernisse auf den Berg.

Elm (977 m ü. M.) liegt zuhinterst im Sernftal, eingekesselt von atemberaubend hohen Felsenbergen.

Mit dem öff. Verkehrsmittel für Rollifahrer vorläufig nicht erreichbar. Fahrdienst in Anspruch nehmen.

Auf der A3 Zürich–Chur bis Ausfahrt Niederurnen. Weiter über Glarus nach Schwanden, wo wir links nach Elm abzweigen.

Die Gondelbahn Elm–Ämpächli fährt von ca. Mitte Mai bis Ende Oktober. Genaue Betriebstage anfragen.

Die Wanderung auf dem Ämpächli dauert eine Stunde, der Dorfrundgang nochmals eine Stunde.

65 Höhenmeter bei der Rundwanderung auf dem Ämpächli, 25 Höhenmeter im Dorf.

Sportbahnen Elm
8767 Elm
Tel. 055 642 60 60
www.sportbahnenelm.ch

In die Gondelbahn gelangen wir mittels einer mobilen Rampe.

Oben: Abstecher zu Elmar's Goldmine.
Unten: Auf dem Rundwanderweg Ämpächli.

Von der Bergstation bis zum Bergrestaurant Ämpächli sind es nur wenige Meter. Auf der Sonnenterrasse erwarten uns originale Strandkörbe von der Nordsee.

Unser Ausflugsziel

Elm im Glarner Sernftal erreichen wir am besten mit dem Auto. Rolliparkfelder gibts bei der Talstation der Gondelbahn zwar nicht, doch ist der Parkplatz genügend gross.

Wir fahren das Strässchen (Trottoir wegen der Querneigung besser nicht benützen) links vom Gebäude hinauf (Steigung 9 % über 15 m) und kommen zum Eingang. In die Gondelbahn gelangen wir über zwei mobilen Rampen. Die vier Stufen bei der Bergstation werden mittels einer mobilen Zweischienenrampe (technische Daten siehe Rolli-Infos) überwunden. Das Bergrestaurant befindet sich etwa 50 Meter rechts von der Bergstation. Hierhin fahren wir auf einem Kiesweg und kommen dabei auch an Elmar's Goldmine, einer Attraktion für Kinder, vorbei (max. Gefälle 15 % über 5 m). Auf der Holzterrasse des Bergrestaurants ist Wohlfühlen angesagt: herrliche Aussicht, Strandkörbe und gute Menüauswahl im Selbstbedienungsrestaurant. Auch die stufenlose Zufahrt zum Buffet (Türbreite 81 cm) ist für Rollifahrer gewährleistet.

Wer mag, kann nach der Stärkung zur Rundwanderung aufbrechen. Diese führt zunächst zurück zur Bergstation, anschliessend am Skihaus Ämpächli vorbei hinunter in eine Mulde und auf der anderen Seite wieder hinauf bis zur Wegverzweigung. Hier biegen wir scharf nach rechts ab und beginnen einen längeren Aufstieg

Rolli-Infos

Ohne Wanderung leichter Ausflug!

Öffentliche Verkehrsmittel
Der Bahnhof Glarus ist mit Mobilift ausgestattet. Bis Schwanden benötigen wir ein Rollstuhltaxi. Ab Schwanden nehmen wir den Sernftaler Bus, der über eine mobile Rampe verfügt.

Bodenbeschaffenheit
Auf dem Ämpächli ausschliesslich Naturstrassen, die gut befahrbar sind. Auf unserem Dorfrundweg treffen wir auf asphaltierte Strassen wie auch auf Natur- und Wanderwege. Der Pfad entlang der Sernf ist heikel und steinig.

Neigungen
Rundweg Ämpächli: max. Steigung 20 % über 40 m, max. Gefälle 22 % über 10 m. Entlang der Sernf: max. Steigung 20 % über 5 m, max. Gefälle 13 % über 10 m. Querneigung von 22 % über 3 m. Dorfrundweg: max. Steigung 13 % über 5 m, max. Gefälle 22 % über 2 m.

Signalisierung
Wanderwegweiser beachten. Die historischen Gebäude im Dorf sind mit Infotafeln beschriftet.

Hindernisse/Zugänge
Bei der Talstation ist beim Eingang ein Niveauunterschied mittels einer mobilen Rampe zu bewältigen (28 % über 50 cm). In die Gondel gehts dann auch über eine mobile Rampe (34 % über 50 cm). Innenmasse Gondel: 115 x 127 cm, Tür 81 cm. Damit die Breite erreicht wird, können die Sitzbänke hochgeklappt werden. Ausgang Bergstation: mobile Zweischienenrampe (25 % über 100 cm). Der schmale Weg entlang der Sernf hat viele Hindernisse (grosse Steine, Holzbrückli, stellenweise holpriger Natursteinboden).

Rollstuhlgängige WCs
Rolli-WCs gibts bei der Talstation und im Bergrestaurant Ämpächli (Toilette befindet sich im Getränkelager. Weg beim Personal erfragen).
Zum Beispiel das Rolli-WC bei der Talstation: Türbreite 88 cm, Sitzhöhe 45 cm, Haltegriffe rechts mobil, links fest, Klappspiegel, Lavabo unterfahrbar (80 cm).

Restaurants
Bergrestaurant Ämpächli mit grosser Sonnenterrasse, Restaurant Sternen in Elm (Nähe Talstation).

Übernachtung
Das Hotel Glarnerhof in Glarus (Tel. 055 645 75 75) verfügt über zwei Spezialzimmer (www.rollihotel.ch).

Hilfestellungen
Das Personal der Gondelbahn ist bei den steilen Rampen beim Ein- und Aussteigen behilflich.

Besonderes
Ideal mit Swiss-Trac oder Handbike.

Fahrdienste, Taxis
Glarner Rollstuhltaxi
Tel. 055 640 66 65
www.glarner-rollstuhltaxi.ch

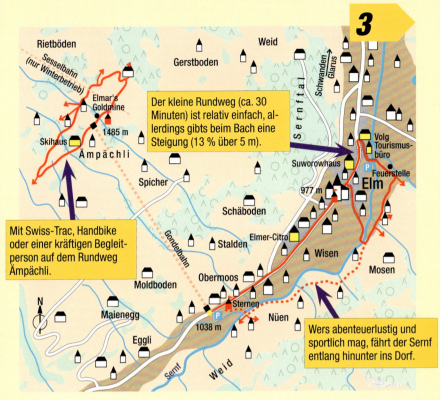

Der kleine Rundweg (ca. 30 Minuten) ist relativ einfach, allerdings gibts beim Bach eine Steigung (13 % über 5 m).

Mit Swiss-Trac, Handbike oder einer kräftigen Begleitperson auf dem Rundweg Ämpächli.

Wers abenteuerlustig und sportlich mag, fährt der Sernf entlang hinunter ins Dorf.

Entlang der Rundwanderung finden wir einige Ruhebänke, die auch mit dem Rolli gut zugänglich sind. Von da aus blicken wir auf die Tschingelhörner und das Martinsloch.

Fotos: Ronald Gohl

3 Mettmenalp

Es lohnt sich, im Glarnerland zu übernachten und am nächsten Tag einen weiteren Ausflug in der Region zu unternehmen. Von Schwanden aus können wir mit dem Bus oder Auto zur Talstation der Luftseilbahn Kies–Mettmenalp fahren. Bus und Seilbahn sind rollstuhlgängig. Oben auf 1632 m ü. M. erwartet uns eine traumhaft schöne Landschaft mit Stausee inmitten des ältesten  Wildschutzgebietes Europas. Mit etwas Glück und einem guten Fernglas entdecken wir im Freiberg Kärpf vielleicht sogar Gämsen, Steinböcke oder Murmeltiere. Wir können auf der asphaltierten und autofreien Strasse von der Bergstation der Luftseilbahn dem See entlang bis zur zweiten Staumauer fahren. Anschliessend müssen wir auf dem gleichen Weg wieder zurück. Weitere Informationen unter www.mettmen-alp.ch.

(Steigung 10 % über 300 m). Oben wird der Weg eben. Wir wandern unter dem Skilift hindurch und auf der anderen Seite wieder hinunter (Gefälle 7–13 % über 150 m) am Alpgebäude vorbei zurück zum Bergrestaurant Ämpächli.

Wieder im Tal angekommen, entschliessen wir uns, das Dorf zu erkunden. Hierzu können sportliche Rollifahrer beim Restaurant Sternen hinunter zum Sernfbach fahren, diesen überqueren und dann gleich links einem abenteuerlichen Uferweg folgen. Alle anderen nehmen es gemütlicher und gehen auf der Dorfstrasse am Elmer-Citro-Gebäude und am Suworowhaus vorbei zum Volg-Laden, hier scharf rechts zum Tourismusbüro. Anschliessend queren wir auch die Sernf.

Nur für Sportliche und mit Begleitung: der Weg entlang der Sernf.

Wir kommen zu einer Feuerstelle, danach rechts über einen Feldweg und ein Seitenbach-Brückli (etwas knifflige Passage) zur oberen Sernfbrücke. Auf Hartbelag erreichen wir wieder die Kirche und staunen über die vielen historischen Holzhäuser. Wir biegen links in die Dorfstrasse ein und müssen noch leicht bergauf zurück zur Talstation fahren.

Oben: Ein leichter Rundweg führt durch den Dorfkern mit seinen prächtigen Häusern.
Unten: Elm mit seinen blumengeschmückten Holzhäusern – ein intaktes Ortsbild.

Fast könnte man sich in den Rocky Mountains wähnen 4

Obersee

Das hätten wir wirklich nicht erwartet! Es sah so aus wie in jedem Schweizer Alpental – doch dann standen wir plötzlich vor einem See, der in einem kanadischen Nationalpark der Rocky Mountains nicht schöner sein könnte! Die Rede ist vom Obersee im Kanton Glarus, den Rollifahrer allerdings nur mit dem Privatauto erreichen können.

 Der Obersee (992 m ü. M.) liegt in einem versteckten Seitental oberhalb von Näfels im Kanton Glarus.

 Weder die SBB-Züge von Ziegelbrücke nach Linthal noch der Bahnhof in Näfels sind rollstuhlgängig.

 Auf der A3 Zürich–Chur bis zur Ausfahrt Niederurnen. Weiter via Schnellstrasse bis Näfels. Eingangs Dorf Abzweigung zum Obersee beachten. Keine Rolliparkfelder am Obersee.

 Von ca. Mitte Mai bis Ende Oktober. Nach längeren Regenfällen wegen Überflutung Uferweg ungeeignet.

 Der Rundweg um den See dauert, wenn wir es gemütlich nehmen, 1 h 30 min bis 2 h.

 Praktisch eben, dazwischen müssen wir mit kurzen Steigungen von wenigen Metern rechnen.

 Berghotel Obersee
Oberseetal
8752 Näfels GL
Tel. 055 612 10 73
www.berghotel-obersee.ch

Ein idealer Rundweg fürs Handbike, mit dem Handrolli ist man auf Hilfe angewiesen.

*Oben: Ebener Weg entlang dem Seeufer.
Unten: Kleine Hindernisse unterwegs.*

Die Passage über den Holzsteg ist weit weniger knifflig, als sie aussieht. Dazu brauchts kaum Mut, allerdings sollte man vor dem Ausflug den Wasserstand abklären.

Unser Ausflugsziel

Das traumhaft schöne, kristallklare Gewässer mit seinem unspektakulären Namen Obersee erreichen wir von Näfels eingangs Glarnerland über eine kurvenreiche und enge Strasse. Weil hierher kein Postauto fährt, sind wir auf unser Auto angewiesen. Beim Hotel Obersee angekommen, gibts zahlreiche Parkmöglichkeiten entlang der Strasse und auf einem Kiesplatz.

Eine Ahnung von der Schönheit der Landschaft erhalten wir bereits nach den ersten Metern. Beim Hotel Obersee beginnt unsere Rundtour mit einem kurzen Gefälle zum schmalen Weglein am See hinunter. Mit etwas Glück spiegelt sich der mächtige Brünnelistock (2075 m) im Wasser. Wir folgen, von so viel landschaftlicher Schönheit entzückt, dem Weg – auch wenn dieser mit 80 Zentimetern ziemlich schmal ist. Das erste Hindernis, ein seltsames Stauwehr, das mit seiner schiefen Ebene an eine Schiffswasserungsanlage erinnert, gilt es gekonnt zu nehmen. Mit etwas Geschick meistern wir die enge Stelle mit der anschliessenden Linkskurve im zweiten Anlauf. Nun wandern wir alles dem Ufer entlang, zunächst noch auf einem schmalen Weglein, später auf einem breiten Damm. Dabei queren wir zweimal eine Holzbrücke, unter welcher das gestaute Wasser munter plätschernd abläuft. Wir sollten uns allerdings vorher informieren, ob die Wege passierbar sind, denn bei

Rolli-Infos

Öffentliche Verkehrsmittel
Mit Bahn und Bus erreichen wir den Obersee leider nicht. Daher sind wir aufs Privatauto angewiesen. Vor dem See gibts zahlreiche Plätze, wo man als Rollifahrer aussteigen kann (Kiesboden).

Bodenbeschaffenheit
Meist gut gepresste Kies- und Wanderwege. Im Bereich des Sulzbaches auf ca. 80 m gröberer Steinschotter. Rückfahrt zum Hotel auf asphaltierter Strasse.

Neigungen
Einstieg in den Wanderweg unterhalb des Restaurants (Gefälle 15 % über 20 m). Zwischen Sulzbach und Strasse Steigung bis 27 % über 30 m. Wir können diesen Abschnitt allerdings umfahren.

Signalisierung
Der Rundweg um den Obersee ist nicht signalisiert.

Hindernisse/Zugänge
Kurz nach dem Einstieg in den Seeweg kommen wir zu einer Wasserschleuse. Hier gibt es eine Betonschikane, die an ihrer engsten Stelle 80 cm misst. Gleich nach der Schikane folgt eine enge Kurve mit Wendemöglichkeit von 130 cm bei einer Querneigung von 13 % über 2 m. Unter uns ist der See ohne Geländer. Wir sollten diese Stelle nur zusammen mit einer Begleitperson passieren. Der Weg ist am Anfang mit 80 cm recht schmal, wird später aber breiter. Zweimal muss das Wasser auf einem längeren Holzsteg überquert werden (105 und 112 cm breit). Am Anfang und Ende des Stegs gilt es eine Kante von 4 cm zu überwinden. Beim zweiten Steg ist die Kante am Ende etwas holprig (siehe Bild Seite 22 unten). Ferner müssen unterwegs zwei Tore mit Flügeltüre geöffnet werden.

Rollstuhlgängiges WC
Das WC beim Hotel Obersee kann von der Garage unten erreicht werden (Wirtin verständigen). Kein Rolli-WC. Türbreite 58 cm, Sitzhöhe 44 cm, keine Haltegriffe, hoher Spiegel, Lavabo unterfahrbar (74 cm). Nächstes Rolli-WC in der Linth-Arena SGU Näfels mit Eurokey.

Restaurant
Hotel Obersee, Seeterrasse ist von aussen stufenlos erreichbar.

Übernachtung
Das Hotel Linth-Arena SGU (Tel. 055 618 70 70) verfügt über acht Spezialzimmer (www.rollihotel.ch).

Hilfestellungen
Mit Handbike oder Swiss-Trac bzw. mit Begleitperson und Handrolli.

Besonderes
Für Elektrorollis nicht geeignet.

Fahrdienste, Taxis
Glarner Rollstuhltaxi
Tel. 055 640 66 65
www.glarner-rollstuhltaxi.ch

Atemberaubender kann ein Ausflug nicht mehr sein: Im Obersee spiegelt sich der Brünnelistock.

4   Alte Flurnamen

Sogenannte Oberseen gibt es zahlreiche, zum Beispiel das an den Zürichsee angrenzende Gewässer östlich von Rapperswil. Auch die vom oberbayerischen Königssee nur durch einen Moränenwall getrennte Wasserfläche wird Obersee genannt. Unsere Vorfahren haben manchmal bei der Taufe von See- und Flurnamen nicht viel Fantasie walten lassen. Gewisse Flurbezeichnungen haben sich im Laufe der Jahrhunderte im Volksmund simpel eingebürgert. Die Bauern haben ihr Vieh am oberen See, am Obersee eben, weiden lassen. Zu früherer Zeit oblag das Dichten elitären Kreisen, Leuten aus der Stadt. Die Einheimischen auf dem Land sprachen eine einfache Sprache ohne Schnörkel und schöngefärbte Bezeichnungen. Viele Flurnamen wie zum Beispiel Bühl oder Büel findet man in allen Kantonen wieder. Bühl ist eine mittelalterliche Bezeichnung für Hügel oder Anhöhe. Und auch der Sulzbach entsprang keinem schöngeistigen Augenblick bäuerlicher Andacht. Unser heutiges Salz stammt vom früheren Wort Sulz ab. Allerdings ist der Sulzbach deswegen nicht salzhaltig. Möglicherweise gab es früher auf der Sulzalp ein kleineres Salzvorkommen, worauf diese Bezeichnungen zurückzuführen sind.

Hochwasser sind diese schnell überflutet. Schliesslich haben wir den klaren Flusslauf des Sulzbachs erreicht. Wegen dem steilen Anstieg nehmen wir nicht den Wanderweg, sondern folgen links dem groben Schotterweg (80 m) flussaufwärts. Wir kommen zu einer stabilen Betonbrücke und biegen hier rechts in die Strasse ein. Nun folgt ein entspannendes Stück auf Hartbelag. Allerdings müssen wir hier mit wenig Gegenverkehr rechnen (Autos und Traktoren der Anwohner). Entlang der Strasse gibt es zahlreiche gemütliche Ruhebänke mit Blick auf den See – ein idealer Ort für ein Picknick.

Wer sportlich ist oder eine kräftige Begleitperson dabei hat, kann auch beim Delta hinunter zu den schön gelegenen Feuerstellen fahren. Nach diesem Abenteuer gehts über Gras, Wurzeln und Steine zurück zur Strasse. Auf dieser fahren wir bis zum Hotel Obersee, wo wir unsere faszinierend schöne Runde schliessen.

Im Bereich des Deltas gibt es mehrere Feuerstellen, allerdings müssen wir über Wurzeln und Steine wenige Meter bergab fahren (nur mit Hilfe möglich).

NOCH LIEFERBAR: BAND 1 AUSFLUGSSPASS OHNE HINDERNISS

Mit 30 weiteren spannenden und barrierefreien Auflügen in der ganzen Schweiz.

Ralph Bernet
Ausflugsspass ohne Hindernisse (Band1)
30 Freizeitziele für Mobilitätsbehinderte
192 Seiten, 220 farbige Abbildungen,
13 x 22 cm, Paperback
CHF 24,80 – Euro 17,10
ISBN 978-3-906691-22-0

Zu bestellen bei:
Edition Lan AG, Grundstrasse 24, 8344 Bäretswil, www.editionlan.ch

Unabhängig und mobil

Das **Kardanbike** ist ein kettenfreies Vorsatzfahrrad für Rollstühle, der Antrieb ist im Rahmenrohr integriert. Das Kardanbike erweitert die individuelle Mobilität, ist **einfach in der Handhabung** und deshalb für den täglichen Gebrauch und für Ausflüge bestens geeignet. Das Kardanbike wird mit ein paar Handgriffen und **ohne fremde Hilfe** an den Rollstuhl montiert.

Kardanbike – das kettenfreie Handbike

www.kardanbike.ch

Kardan*bike*
Das kettenfreie Handbike

Im geheimnisvollen Reich der roten Felsen 5

Flumserberg

«Eine Oase intakter Natur hoch über dem Walensee.» – So präsentiert sich der Flumserberg auf seiner Internetseite. In der Tat ist der Aufenthalt auf 1400–2000 m ü. M. eine Wohltat; besonders an heissen Sommertagen entfliehen wir gern in die etwas kühlere Bergregion des Maschgenkamms. Für Rollifahrer bieten sich gleich mehrere Möglichkeiten.

 Der Flumserberg (1391 m ü. M.) liegt auf einer Sonnenterrasse hoch über dem Walensee (Kanton St. Gallen).

 Zurzeit ist der Flumserberg für Rollifahrer noch nicht mit öffentlichen Verkehrsmitteln erreichbar.

 Auf der A3 Zürich–Chur bis zur Ausfahrt Murg. Weiter via Seestrasse über Murg bis Unterterzen. Parkplatz bei der Talstation der Gondelbahn (keine Rolliparkfelder).

 Die Maschgenkammbahn (Kursbuch 2792) verkehrt von ca. Mitte Juni bis Mitte Oktober, die Tannenbodenalpbahn ab Mitte Mai.

 Die Seeblickweg auf der Tannenbodenalp dauert 30 Minuten, der Zigerweg rund eine Stunde.

 Auf beiden Wegen gibts Höhenunterschiede von wenigen Metern (Zigerweg ca. 30 m).

 Flumserberg Tourismus
8898 Flumserberg
Tel. 081 720 18 18
www.flumserberg.ch

Problemloses Einsteigen in die neue 8er-Gondelbahn in Unterterzen.

*Oben: Bergblumenparadies Maschgenkamm.
Unten: Panoramaaussicht 8er-Gondel.*

Zum Aufwärmen nehmen wir vor der Bergfahrt mit der Maschgenkammbahn den kleinen Seeblickrundweg auf der Tannenbodenalp in Angriff.

Unser Ausflugsziel

Hoch über dem Walensee auf einer Sonnenterrasse und vis-à-vis der beeindruckenden Felsengipfel der sieben Churfirsten befindet sich der Flumserberg – ein beliebter Sommer- und Winterferienort. Mit dem Auto können wir über Flums direkt auf die Tannenbodenalp fahren. Eine andere Möglichkeit wäre, wenn wir schon bei der Ausfahrt Murg die A3 verlassen und zur 8er-Gondelbahn in Unterterzen am Walensee fahren.

Vom Parkplatz nehmen wir den Lift zur Plattform, die Gondel wird für den stufenlosen Einstieg verlangsamt. Während der Bergfahrt geniessen wir die herrliche Aussicht durch die grossen Panoramafenster auf den Walensee. Auf der Tannenbodenalp angekommen, gehts leicht hinunter zum Parkplatz und anschliessend am Restaurant Cresta vorbei zur zweiten Gondelbahn, die auf den Maschgenkamm führt.

Vorher lohnt sich aber noch eine Runde auf dem Seeblickweg. Dazu zweigen wir beim Parkplatz rechts ab und nehmen die kurze asphaltierte Steigung (12 % über 20 m) bis zum Schweinestall bei der Molseralp in Angriff. Kurz vor dem Stall biegen wir rechts in einen grobkörnigen Kiesweg, der steil (Steigung 20 % über 15 m) über einen Naturweg wenige Höhenmeter überwindet. Weil wir ein Kuhgatter öffnen müssen, ist eine Begleitperson von Vorteil.

Rolli-Infos

Öffentliche Verkehrsmittel
Zurzeit ist Unterterzen oder Flums kein Stützpunktbahnhof mit Mobillift. Wir erreichen die Talstation der Gondelbahn mit dem Glarner Rollstuhltaxi von Ziegelbrücke aus.

Bodenbeschaffenheit
Tannenbodenalp: asphaltierte Strasse. Seeblickweg: grober Feldwegbelag, teils mit Grasnarbe unterteilt. Zigerrundweg: Naturweg, etwas steinig und holprig.

Neigungen
Tannenbodenalp Parkplatz: max. Steigung 12 % über 20 m. Seeblickweg: max. Steigung 20 % über 15 m. Zugang Bergrestaurant Maschgenkamm: Steigung 18 % über 30 m. Zigerrundweg: max. Steigung 10 % über 80 m, Querneigung bis 13 %.

Signalisierung
Holzwegweiser «Seeblickweg» beim Schweinestall beachten. Der Zigerrundweg ist mit gelben Wanderwegweisern ausgestattet.

Hindernisse/Zugänge
In Unterterzen erreichen wir mittels eines Lifts (Tür 79 cm, Innenmass 90 x 138 cm) die Gondelbahnplattform. In die 8er-Gondel kann stufenlos mit dem Rolli hineingefahren werden. (Tür 64 cm, Innenmasse 121 x 147 cm). Auf dem Seeblickweg muss ein Viehgatter geöffnet werden, und es gibt zwei Regenrinnen mit einer Lücke von 8 cm. Bei der Maschgenkammbahn stehen zwei umgebaute Spezialgondeln mit manuell zu öffnenden Türen zur Verfügung (Tür 85 cm, Innenmass 80 x 109 cm). Es ist eine Rampe vorhanden. Beim Ausgang auf dem Maschgenkamm gibts noch eine Doppelschwelle (3 + 8 cm).

Rollstuhlgängige WCs
WCs bei der Mittelstation Oberterzen (nur auf der Talfahrt zu erreichen), im Restaurant Cresta, bei der Tal- und Bergstation der Maschgenkammbahn. Zum Beispiel Talstation Maschgenkammbahn: Türbreite 99 cm, Sitzhöhe 44 cm, Haltegriffe links mobil, rechts fix, Klappspiegel, Lavabo unterfahrbar (72 cm).

Restaurants
Cresta, Kabinenbahn (bei Talstation Maschgenkamm) und Bergrestaurant Maschgenkamm.

Übernachtung
Aparthotel Edy Bruggmann, Tannenheim, Tel. 081 733 24 24, einige geeignete Zimmer.

Hilfestellungen
Das Personal ist sehr hilfsbereit.

Besonderes
Einstieg Maschgenkammbahn für Elektrorollis problematisch.

Fahrdienste, Taxis
Glarner Rollstuhltaxi
Tel. 055 640 66 65
www.glarner-rollstuhltaxi.ch

5

Der Seeblickweg befindet sich nordwestlich des Parkplatzes und eignet sich zum Aufwärmen.

Rund um den Ziger führt der gut ausgebaute Zigerrundweg mit herrlichem Panoramablick.

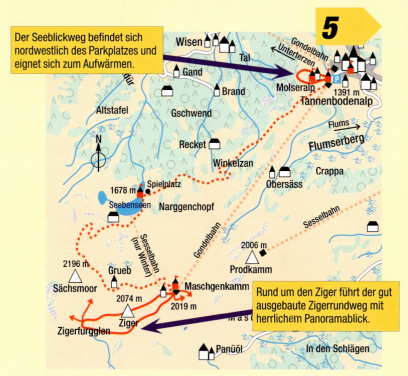

Hinter Zigerfurgglen erhebt sich der 2196 m hohe Felsenturm Sächsmoor.

Fotos: Ronald Gohl, Phillipe Cruz

5 GeoTrail

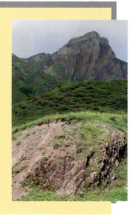

Ein gutes Dutzend Rothörner kennt die Schweiz. Das berühmteste ist wohl das Brienzer Rothorn, obwohl der Besucher dort keine rote Färbung des Steins feststellen kann. Auf dem Flumserberg gibts zwar kein Rothorn, dafür sind viele Steine und Felsen rötlich gefärbt, was sich je nach Sonneneinstrahlung noch intensiviert. So manch ein Wanderer mag sich fragen, woher diese natürlichen Farben stammen. Vom Eisenerz der Region? Vielleicht gibt der GeoTrail auf dem Maschgenkamm darüber Auskunft. Verschiedene Stationen entlang des Zigerrundweges lüften so manches geologische Geheimnis. Bei Flumserberg Tourismus, bei den Bergbahnen oder im Bergrestaurant ist zudem ein GeoTrail-Erlebnis-Set mit Buch und Würfelspiel erhältlich.

Danach gehts ziemlich eben weiter, und das Panorama auf die Churfirsten und den Walensee belohnt uns für die Mühe. Wir erreichen einen Aussichtspunkt mit vier Ruhebänken und Brunnen. Nochmal gehts leicht bergauf (Steigung 10 % über 15 m) und über die Molseralp wieder hinunter (Gefälle 16 % über 30 m) und zurück zum Parkplatz.
Für die Bergfahrt zum Maschgenkamm müssen wir uns bei der Kasse melden. Wir werden zur Rückseite verwiesen, wo wir mit dem geräumigen Warenlift in den 2. Stock fahren. Gleich hinter der Lifttür können wir in die Spezialgondeln einsteigen. Falls diese gerade unterwegs sind, kann die Wartezeit bis zu einer Viertelstunde dauern. Glücklich auf dem Maschgenkamm angekommen, rollen wir die Rampe hinunter zum Wegweiser. Der Ziger wird am besten links umrundet. Entlang des Weges (an der schmalsten Stelle 100 cm breit) entdecken wir die Erklärungs-P(f)osten des GeoTrails. Unser Zigerrundweg führt zur Zigerfurgglen, von hier aus wandern wir auf der Nordseite des Berges zurück zur Bergstation der Gondelbahn.

Der Seeblickweg bietet auch einen herrlichen Blick zu den Churfirsten.

Oben: Info-Posten des Geo-Trails (links) und Tiefblick zum Seebensee (rechts).
Unten: Von der Bergstation des Maschgenkamms begeben wir uns auf den Zigerweg.

Vom Milchkannussell zum Flötenzaun 6
Toggenburger Klangweg

Kennen Sie den Unterschied zwischen der Baumrätsche und dem Zugspecht? Welche Töne werden am Flötenzaun erzeugt, oder wie fühlt es sich inmitten der Glockenbühne an? Dies und vieles mehr erfahren die Wanderer auf dem rollstuhlgängigen Klangweg zwischen Alp Sellamatt und Iltios. Auf eindrückliche Art und Weise entdecken wir dabei die Welt der Geräusche neu.

Alt St. Johann (891 m ü. M.) liegt im oberen Toggenburg in der Nähe des Ferienortes Wildhaus.

Mit den SBB über Sargans nach Buchs, weiter mit dem Postauto bis Alt St. Johann (Kursbuch 800, 860.790, 2765).

Von Rapperswil über den Ricken ins Toggenburg oder vom Rheintal via Wildhaus. Rolliparkfelder an verschiedenen Stellen vorhanden.

Die Kombibahn verkehrt von Ende Mai bis Ende Oktober. In dieser Zeit ist der Klangweg geöffnet.

Wanderzeit Alp Sellamatt–Iltios: 45 Minuten (ohne Verweilen bei den einzelnen Klangposten). Rückweg Unterwasser–Alt St. Johann: 30 Minuten.

Alp Sellamatt–Iltios: 90 m bergab, 42 m bergauf. Unterwasser–Alt St. Johann: kein Höhenunterschied.

Toggenburg Tourismus
9658 Wildhaus
Tel. 071 999 99 11
www.toggenburg.org

Einsteigen in die Kombibahn. Wir haben die Wahl zwischen Sesseln und Gondeln.

Beim «Milchkannussell» erzeugen wir durch sanftes Drehen einen Rhythmus.

Die sieben Churfirsten recken sich oberhalb der Alp Sellamatt wie die Sägeblätter einer gigantischen Säge gegen den Himmel.

Unser Ausflugsziel

Die einzige Kombibahn der Schweiz verkehrt zwischen Alt St. Johann und der Alp Sellamatt im Toggenburg. Abwechselnd verkehren Sessel und Gondeln. Hier hat man offenbar beim Bau an Rollifahrer gedacht und dabei eine innovative Lösung gefunden. Das Personal wird jährlich für den Umgang mit Behinderten geschult. Das Toggenburg fördert seit einigen Jahren einen barrierefreien Tourismus. Entsprechend gross ist das Echo, und wir begegnen da und dort anderen Rollifahrern oder Sehbehinderten, die vom Angebot Gebrauch machen.
Von der Talstation in Alt St. Johann (ca. 400 m von der Bushaltestelle bei der Post) schweben wir zur Alp Sellamatt auf 1390 m ü. M. Zwischen der Bergstation und dem Berggasthaus müssen wir zwei Neigungen überwinden, zunächst eine Rampe bei der Kombibahn (15 % über 15 m), anschliessend auf einem Kiesweg (11 % über 30 m).
Nach der Stärkung auf der Sonnenterrasse des Restaurants folgen wir dem Klangweg in Richtung Iltios. Der erste Posten «Melodiegampfi» unterhalb der Lukaskapelle ist noch nicht rollstuhlgängig. Wir fahren über Hartbelag leicht bergab und geniessen den Blick zum Säntis. Nach etwa 500 Meter erreichen wir «Das Gerausch», welches zum Schutz vor den Kühen eingezäunt wurde. Auch der

Rolli-Infos

Öffentliche Verkehrsmittel
Sargans und Buchs sind Stützpunktbahnhöfe, wo ein Umsteigen mittels Mobilift möglich ist. Alle Postautokurse zwischen Buchs über Wildhaus nach Alt St. Johann sind rollstuhlgängig (Niederflur mit Rampe).

Bodenbeschaffenheit
Von der Post Alt St. Johann zur Talstation Teer- und Kiesstrasse. Das Teilstück Alp Sellamatt bis zum Posten «Milchkannussell» ist asphaltiert. Danach gehts über festgestampfte Wanderwege und Forststrassen nach Iltios. Rückweg Unterwasser–Alt St. Johann entlang der Thur (Hartbelag).

Neigungen
Zugangsrampe zur Kombibahn (Steigung 14 % über 15 m). Mittels einer mobilen Rampe (Steigung 45 % über 40 cm) gelangen wir mit Hilfe des explizit geschulten Bahnpersonals in die Gondel. Zwischen den Posten «Milchkannussell» und «Baumrätsche» Gefälle auf Kiesweg von 12 % über 120 m. Beim «Zugspecht» Gefälle 15–20 % über 30 m und Querneigung bis 12 % über 15 m. Es folgen noch Steigungen von max. 17 % über 10 m. Der Thurweg Unterwasser–Alt St. Johann weist keine Steigungen auf.

Signalisierung
Die Wege sind mit Rollipiktos und gelben Wegweisern markiert.

Hindernisse/Zugänge
Die Kombibahn Alp Sellamatt eignet sich nicht für Elektrorollis und Scooters. Swiss-Tracs und Handbikes sind problemlos. Tür Gondelbahn 80 cm, Innenmasse 100x95 cm, Bänkli aufklappbar. Entlang dem Wanderweg gibt es einen Kuhrost, der nicht umfahren werden kann.

Rollstuhlgängige WCs
Rolli-WCs gibts im Berggasthaus Sellamatt, in der Mittelstation Iltios und im Bergrestaurant Chäserrugg. Zum Beispiel Iltios: Türbreite 78 cm, Sitzhöhe 51 cm, 2 Haltegriffe vorhanden, links fest montiert, rechts beweglich, Klappspiegel, Lavabo unterfahrbar (75 cm).

Restaurants
Berggasthaus Sellamatt, Bergrestaurants Iltios und Chäserrugg.

Übernachtung
Auf der Alp Sellamatt kann im Berggasthaus übernachtet werden, teilweise rollstuhlgängig (Tel. 071 999 13 30). Weitere rolligängige Hotels in Wildhaus.

Hilfestellungen
Zum Ein- und Aussteigen in die Gondeln wird Hilfe benötigt.

Besonderes
Lohnender Abstecher mit der Luftseilbahn von Iltios auf den Panoramaberg Chäserrugg (2262 m ü. M.).

Fahrdienste, Taxis
Tixi Toggenburg
Tel. 071 988 60 30

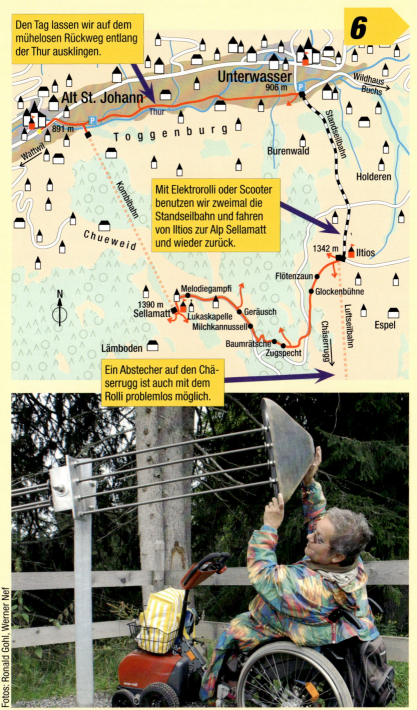

Beim «Gerausch» bewegen wir die langen Pendel, worauf sich mehrere Ringe mit surrendem Lärm entlang der Eisenstangen langsam hinunterbewegen.

6 Ferien für alle

Mit dem Rollstuhl oder dem Blindenhund in die Berge? Was anderswo eine unüberwindbare Hürde darstellt, ist im Toggenburg kein Problem. Es gibt zahlreiche behindertengerechte Spazier- und Wanderwege – zum Beispiel den Klangweg, den Thurweg von Unterwasser nach Starkenbach oder den Windrädliweg nach Lütisburg. Behinderte Menschen geniessen im Toggenburg Wanderungen, Hotelaufenthalte und Ausflüge ohne Handicap. Eine neue Broschüre zeigt das Angebot in der kompletten Übersicht. In Zusammenarbeit mit der Interessengemeinschaft behindertenfreundliches Toggenburg und der Reisefachstelle Mobility International Schweiz wurden Freizeitangebote, Wanderrouten und Unterkünfte im Rahmen des Projekts «Ferien für alle» getestet. Hotels und Restaurants wurden bezüglich stufenlosen Zugangs, Türbreite, Speisekarte in Braille, Behindertentoilette usw. unter die Lupe genommen. In der 25-seitigen Broschüre «Ferien- und Freizeitangebote im Toggenburg für Menschen mit Behinderung» sind die Ergebnisse detailliert zusammengefasst. Die Broschüre und weitere Informationen sind erhältlich bei Toggenburg Tourismus (Adresse siehe Box Seite 38).

nächste Posten, das «Milchkannussell» liegt noch am etwa zwei Meter breiten Strässchen. Einige Radumdrehungen weiter zweigen wir links in einen Wanderweg ab, der hinunter in den Wald führt und zwei spitze Kehren aufweist. Mit dem Swiss-Trac können wir das Gefälle gut abbremsen, bis wir den nächsten Posten «Baumrätsche» erreichen. Bis zum «Zugspecht» ist es von hier aus nicht weit. Anschliessend folgt eine etwas heikle Stelle (Gefälle 15–20 % über 30 m, Querneigung bis 12 % über 15 m). Wir überqueren eine Waldlichtung mit Feuerstelle, fahren wieder ein kurzes Stück auf der Teerstrasse und zweigen dann rechts in den Wald ab (Steigung 17 % über 10 m, danach 11 % über 30 m, leichte Querneigung). Über die Posten «Glockenbühne» und «Flötenzaun» gelangen wir zum Zwischenziel Iltios. Hier können wir mit der Luftseilbahn noch einen Abstecher auf den Chäserrugg unternehmen, bevor wir mit der Standseilbahn hinunter nach Unterwasser fahren und dann entlang der Thur zurück zum Ausgangspunkt wandern.

Bei der «Baumrätsche» drehen wir kräftig an der Kurbel.

Oben: Nach dem «Milchkannussell» gehts auf einem Wanderweg bergab.
Unten: Faszinierendes Spiel in der Glockenbühne. Wer spielt die beste Melodie?

Naturerlebnisse auf dem höchsten Ostschweizer Berg — 7
Schwägalp und Säntis

«Säntis, der Berg» heisst der schlichte, aber einprägsame Slogan des mächtigsten und höchsten Gipfels der Ostschweiz. Nicht nur die Fahrt mit der Luftseilbahn auf den 2502 Meter hohen Säntis mit seiner phänomenalen Rundsicht wird zum barrierefreien Erlebnis. Von der Schwägalp bieten sich Rollifahrern einige Möglichkeiten zum Wandern.

 Die Schwägalp (1352 m ü. M.), unser Ausgangspunkt, ist ein Pass zwischen dem Toggenburg und Appenzell.

 Mit den SBB über Sargans nach Buchs, weiter mit dem Postauto über Nesslau (umsteigen) zur Schwägalp (Kursbuch 800, 860.790, 860.791, 2730).

 Von Rapperswil über den Ricken via Toggenburg oder von Herisau via Urnäsch zur Schwägalp. Mehrere Rolliparkplätze bei der Talstation.

 Die Säntisbahn verkehrt das ganze Jahr. Der Wanderweg ist von Juni bis Oktober befahrbar.

 Gipfelfahrt Säntis: mindestens 2 h oder länger – Wanderung Steinflue 1 h 30 min.

 Gipfel: Mit Fahrstuhl ist jede Etage zugänglich. Schwägalp–Steinflue: 10 m bergauf, 377 m bergab.

 Säntis Schwebebahn AG
9107 Schwägalp
Tel. 071 365 65 65
www.saentisbahn.ch

Mit der Luftseilbahn (oben) fahren wir zur Panoramaterrasse auf dem Säntis (unten).

Die Wanderung von der Schwägalp zur Steinflue führt alles über Hartbelag.

Von der Bergstation auf dem Säntis können wir über einen mit Steinplatten ausgelegten Weg zum alten Berggasthaus fahren.

Unser Ausflugsziel

Vom Gipfel des Säntis reicht der Blick bei guter Fernsicht über sechs Länder: Von der Schweiz über Deutschland, Österreich, Liechtenstein, Italien bis zu den fernen Vogesen in Frankreich. Genauso grenzenlos sind die Möglichkeiten auf der Schwägalp. Nachdem wir mit dem Auto oder Postauto unseren Ausgangspunkt erreicht haben, fahren wir zunächst mit der Schwebebahn auf den Säntis. Die 8-Prozent-Rampe vom Parkplatz zum Eingang der Talstation stellt das einzige, kaum erwähnenswerte Hindernis dar. Danach gehts ebenwegs in die grosse Luftseilbahnkabine mit über zwei Meter breiten Türen. Offenbar hat es sich schon herumgesprochen, dass der Säntis ein barrierefreies Ausflugsziel bietet, denn meist sind zahlreiche Rollifahrer unterwegs. Den ersten Eindruck des faszinierenden Panoramas erhalten wir schon bei der Bergfahrt. Oben angekommen können wir mit dem grossen Lift auf die verschiedenen Aussichtsterrassen im vierten und fünften Stock fahren. Anschliessend lohnt sich vielleicht noch ein kleiner Abstecher zum alten Berggasthaus. Hierzu fahren wir mit dem Lift wieder ins Erdgeschoss zurück und öffnen dort die 106 Zentimeter breite Glastür. Der mit Geländern gesicherte Weg bietet ein Bergerlebnis der besonderen Art. Wir fühlen uns dabei fast wie Alpinisten. Durch die 70 Meter lange Galerie rollen wir hinunter zum

Rolli-Infos

Ohne Wanderung leichter Ausflug.

Öffentliche Verkehrsmittel
Sargans und Buchs sind Stützpunktbahnhöfe, wo ein Umsteigen mittels Mobilift möglich ist. Alle Postautokurse zwischen Buchs über Wildhaus, Nesslau (umsteigen) und Schwägalp sind rollstuhlgängig (Niederflur mit Rampe).

Bodenbeschaffenheit
Asphalt auf der Schwägalp, gut verfugte Steinplatten bei der Tal- und Bergstation der Säntis-Schwebebahn. Von der Bergstation zum Berggasthaus Säntis Steinplatten sowie asphaltierter Zugang in der Galerie. Wanderweg zwischen Schwägalp und Steinflue durchgehend Hartbelag.

Neigungen
Vom Berghotel Schwägalp zum Parkplatz Gefälle 10 % über 20 m. Vom Parkplatz zur Talstation Steigung 8 % über 40 m. Zwischen Gipfel und altem Berggasthaus 17 % über 70 m. Der Wanderweg beginnt mit einer Steigung von 15 % über 130 m, anschliessend gehts nur noch bergab (Gefälle 9–13 % über mehrere hundert Meter), die Maximalneigung beträgt 17 % zwischen der Alp Riglen und Steinflue.

Signalisierung
Auf der Schwägalp und auf dem Säntis gibts keine speziellen Rollipiktos. Zwischen Schwägalp und Steinflue folgen wir den gelben Wanderwegweisern.

Hindernisse/Zugänge
Berghotel Schwägalp: Tür 85 cm, der Lift zum Rolli-WC ist 81 cm breit und 122 cm lang, Tür 81 cm. Talstation: Glasflügeltür 111 cm, Höhe Kasse 102 cm, stufenfrei von der Kasse zur Plattform in die Luftseilbahn. Bergstation: teils automatische Glasschiebetüren, teils Türen zum Öffnen. Zwei Fahrstühle. Der grössere ist 140 cm breit und 269 cm lang, die Tür 140 cm.

Rollstuhlgängige WCs
Rolli-WCs gibts im Berghotel Schwägalp, bei der Tal- und Bergstation. Zum Beispiel Bergstation im 1. Stock: Türbreite 91 cm, Sitzhöhe 50 cm, 2 Haltegriffe vorhanden, links fest montiert, rechts beweglich, Klappspiegel, Lavabo unterfahrbar (84 cm).

Restaurants
Berghotel Schwägalp, Panorama-Restaurants auf dem Säntisgipfel, altes Berggasthaus (nur Terrasse).

Übernachtung
Hotel Herisau in Herisau, 14 Spezialzimmer (Tel. 071 354 83 83). Weitere rolligängige Hotels in Wildhaus.

Hilfestellungen
Ohne Elektrorolli ist eine Begleitperson von Vorteil.

Besonderes
Der kurze Geologie-Steinpark (150 m) mit 12 Tafeln auf der Schwägalp ist ebenfalls rollstuhlgängig.

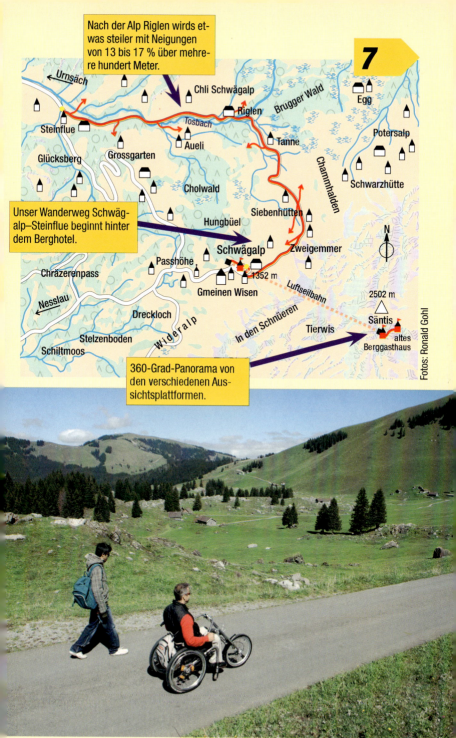

Während unserer Wanderung, die nach einem kurzen Anstieg ausschliesslich bergab führt, geniessen wir den Ausblick auf die Hochalp von Siebenhütten.

7   NaturErlebnispark

Die Schwägalp liegt in einer Moorlandschaft, die ins Bundesinventar der Landschaften von nationaler Bedeutung aufgenommen wurde. Sie ist über elf Kilometer lang und dehnt sich über fünf Gemeinden der Kantone beider Appenzell und St. Gallen aus. Die Schwägalp wird aber auch seit mehr als tausend Jahren als Weideland genutzt. Während unseres Aufenthaltes beobachten wir das friedlich grasende Vieh. Ein besonderes Erlebnis ist natürlich der Alpaufzug im Juni und der Alpabzug in den ersten Septemberwochen – die Schweiz in ihrer ursprünglichsten Form. Der im Jahr 2000 gegründete Verein Naturforschungspark Schwägalp/Säntis hat sich der Umweltfragen angenommen und bietet mit dem NaturErlebnispark Einblicke in die Faszination von Mooren, Wald, Alpwirtschaft, Geologie sowie Mensch und Umwelt. Fünf Themenwege sind in den letzten Jahren entstanden, zwei davon – der Geologie-Steinpark bei der Talstation sowie der Themenweg Wald – sind auch für Rollstuhlfahrer zugänglich. Allerdings wird ein Swiss-Trac oder einigermassen gute Kondition und Manövrierfähigkeit benötigt. Bei der Tal- und Bergstation der Säntis-Schwebebahn sowie im Berghotel Schwägalp gibts eine kostenlose Broschüre zum NaturErlebnispark.

alten Säntis-Berggasthaus, wo wir uns auf der Sonnenterrasse etwas umsehen können.
Wieder zurück auf der Schwägalp, brechen wir zu unserer Wanderung auf. Der Weg führt auf einem für Motorfahrzeuge gesperrten Strässchen zur Steinflue hinunter. Gleich hinter dem Berghotel Schwägalp beginnt unser Weg mit einem kleinen Aufstieg. Wer ohne Swiss-Trac oder Scooter unterwegs ist, benötigt hier möglicherweise Hilfe. Doch die Anstrengung ist nur von kurzer Dauer. Anschliessend gehts alles bergab über Siebenhütten und die Alpen Tanne sowie Riglen. Dabei müssen wir auch zwei Kuhroste überwinden, und stellenweise gehts bis zu 17 Prozent bergab. Wir bleiben auf der Teerstrasse und fahren von der Steinflue mit dem Postauto zurück auf die Schwägalp oder hinunter nach Nesslau, wo meistens Anschluss an den Bus nach Buchs besteht.

Wie viele Gipfel können wir zählen? Lieber geniessen wir still die Pracht.

Mit der grossen Luftseilbahn erreichen wir den Säntis-Gipfel in wenigen Minuten von der Schwägalp aus.

Uferweg zwischen Münsterlingen und Kreuzlingen 8
Bodensee-Arena

Die Bodensee-Arena – auf der einen Seite ist dies eine einzigartige Landschaft am Wasser, die uns Urlaubsstimmung pur vermittelt, auf der anderen Seite eine Freizeithalle mit angegliedertem Sporthotel in Kreuzlingen. Weil mehrere Zimmer rollstuhlgängig sind, lohnt es sich, zwei oder sogar drei Tage am Bodensee zu verweilen.

Kreuzlingen (402 m ü. M.) liegt am Westende des Bodensees. Die Grenze zu Konstanz (D) ist nah.

Direkte ICN-Verbindungen von Zürich nach Kreuzlingen. Weiter mit dem «Thurbo» nach Münsterlingen (Kursbuch 830, 820).

Auf der A7 Zürich–Konstanz bis zur Ausfahrt Kreuzlingen-Nord. Von dort über den Hauptbahnhof und den Hafenbahnhof zur Bodensee-Arena.

Die Wanderung ist das ganze Jahr möglich, sofern kein Schnee und Eis auf den Wegen liegt.

Die Wanderung von Münsterlingen nach Kreuzlingen dauert 2 h, von Bottighofen nach Kreuzlingen ca. 1 h.

Praktisch eben auf Velo- und Wanderwegen, dazwischen kleinere Steigungen von wenigen Metern.

Bodensee-Arena
Seestrasse 11b
8280 Kreuzlingen
Tel. 071 677 15 30
www.bodensee-arena.com

In Münsterlingen-Spital steigen wir aus dem «Thurbo» und brechen zu unserer Tour auf.

Unser Weg führt durch schöne Parkanlagen auf ziemlich ebenen Wegen.

Meist fahren wir über gewalzte, feine Kieswege, zwischendurch auch auf Teerstrassen. Der See, die Schiffe und die Häfen sind immer in unmittelbarer Nähe.

Unser Ausflugsziel

Kreuzlingen ist die grösste Schweizer Stadt am Bodensee und das pulsierende Zentrum der Region. Für Rollifahrer besonders attraktiv sind die Uferanlagen und die leichten Wanderwege entlang dem See.

Vom Hauptbahnhof Kreuzlingen fahren wir mit dem «Thurbo» über den Hafenbahnhof und Bottighofen bis Münsterlingen-Spital. Das Ein- und Aussteigen gestaltet sich einfach, vor allem wenn wir mit dem Handrolli unterwegs sind.

Vom Perron fahren wir zur Strasse hinunter (3,75 %), überqueren diese auf dem Zebrastreifen und folgen dem Wanderweg auf dem Trottoir durch die Bahnunterführung hindurch. Auf der anderen Seite führt das Trottoir leicht bergauf (5 % auf ca. 100 m) bis ins Areal des Spitals (Psychiatrische Dienste Thurgau). Zunächst gelangen wir geradeaus in den modernen Teil der Klinik, die wie ein luxuriöses Hotel am See aussieht. Bei der ersten Rechtskurve folgen wir den gelben Wegweiser-Rauten an den Laternen die Strasse leicht hinunter (5 %). Unten gehts dann links weiter durch das Areal des älteren Teils der Klinik. Am Ende des Parks führt unser Weg durch den Parkplatz, danach links hinunter (7,5 %) zum See (alternativ dazu können wir den Veloweg parallel zur Bahn weiter oben benutzen). Es folgt ein wunderschöner Abschnitt am Ufer,

Rolli-Infos

Öffentliche Verkehrsmittel
Mobilift am Hauptbahnhof von Kreuzlingen. In den «Thurbo» Richtung Romanshorn steigen wir ohne Stufe ein, allerdings gilt es den Spalt zwischen Perron und Bahn zu überwinden. Die Bodensee-Arena erreichen wir am besten vom Hafenbahnhof aus («Thurbo»-Strecke). Für eine längere Türöffnung drücken wir im «Thurbo» den Rolliknopf.

Bodenbeschaffenheit
Zunächst Trottoir und Asphalt, nach der Klinik grober Kiesweg (Umfahrungsmöglichkeit auf asphaltiertem Veloweg), zwischen Bottighofen und Kreuzlingen feine, gewalzte Kieswege.

Neigungen
Zu Beginn der Tour nach der Unterführung Steigung 5 %. Nach der Kläranlage überqueren wir einen Bach, Steigung vor der Brücke 11 %. Die grösste Steigung erwartet uns bei einer Bogenbrücke im Schwimmbad Kreuzlingen (14 % über 2 m).

Signalisierung
Wir folgen den gelben Wanderwegweisern Richtung Kreuzlingen.

Hindernisse/Zugänge
Der Weg am See zwischen Spital und Kläranlage hat einen grobkörnigen Kiesbelag (ca. 1 km). Der asphaltierte Veloweg parallel zur Bahn bietet sich als Alternative an.
Zwischen der Haltestelle Bottighofen und dem Hafen bei der Rechtskurve nicht den Wanderweg benutzen, sondern auf der Strasse bleiben.
Auf dem Wanderweg gibts eine Barriere für Velofahrer. Bei der Schwimmbadbrücke in Kreuzlingen benötigen Handrollifahrer evtl. Hilfe.

Rollstuhlgängiges WC
Bodensee-Arena: Türbreite 90 cm, Sitzhöhe 42 cm, 2 Haltegriffe vorhanden, links fest montiert, rechts beweglich, Lavabo unterfahrbar (85 cm), Eurokey. Um zum WC zu gelangen, müssen wir durch zwei Türen der Garderobe (91 cm).

Restaurant
Restaurant Fischerhaus eingangs Kreuzlingen (nur Seeterrasse zugänglich). Bodensee-Arena, innen und aussen rollitauglich.

Übernachtung
Bodensee-Arena (Seite 54).

Hilfestellungen
Beim Aussteigen aus dem «Thurbo» kann der Lokführer eine Rampe ausfahren.

Besonderes
Tour auch ab Bottighofen möglich, was die Wanderzeit halbiert.

Fahrdienste, Taxis
Verein Behindertenbusse Kreuzlingen
Tel. 071 672 75 77
einsatz@vbb-kreuzlingen.ch

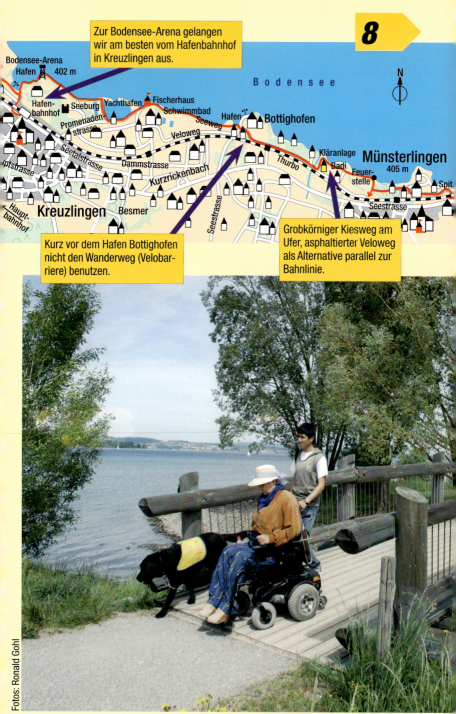

Kleinere Hindernisse, wie zum Beispiel diese leicht nach oben gebogene Holzbrücke, versperren uns nicht den Weg.

8   Im Arena-Sporthotel

Auch der schönste Tag geht einmal zu Ende. Nichts ist gemütlicher, als nach einem erlebnisreichen Tag ein Hotel direkt im Ausflugs- und Wandergebiet zu finden, das sich auch auf Rolligäste spezialisiert hat. Das Sporthotel Bodensee-Arena befindet sich am Endpunkt unserer Tour, unmittelbar an der deutschen Grenze. Somit könnten wir zum Beispiel am nächsten Morgen noch eine Rundfahrt durch das deutsche Konstanz unternehmen.

Die Réception des Hotels befindet sich im Foyer der grossen Halle. Dazu benützen wir den Haupteingang. Eine kleine Rampe (6 %) führt zur Réception. Nachdem wir den Schlüssel erhalten haben, fahren wir aussen am Gartenrestaurant vorbei auf die Rückseite des Gebäudes. Auch Gäste ohne Mobilitätsbehinderung müssen diesen Weg wählen. Die rollstuhlgängigen Zimmer befinden sich im Erdgeschoss und sind über einen 140 cm breiten Weg zu erreichen. Zwei Zimmer wurden speziell ausgebaut. Die kleine Schwelle (3 cm) bei der Aussentür (89 cm) bereitet keine Schwierigkeiten, und die Dusche ist in den beiden Spezialzimmern (stufenlose Tür, 80 cm) ohne Absatz zu erreichen. Auch die Haltegriffe beim WC sind vorhanden. Die Tische können unterfahren werden. Das Essen nehmen wir auf der Gartenterrasse des Restaurants ein. Mittels einer Rampe (9 %) ist dieses zu erreichen. Wir können auch im Inneren des Restaurants Platz nehmen.

In der Halle der Bodensee-Arena finden übrigens häufig Veranstaltungen wie Eishockey, Eiskunstlauf, Tennis, Konzerte, Theater und Ausstellungen statt. Wenn wir unseren Ausflug rechtzeitig planen, können wir die Wanderung vielleicht mit einem solchen Anlass kombinieren.

der wegen des groben Kiesbelages für Handrollifahrer seine Tücken hat. Am See gibts eine schöne Feuerstelle mit Ruhebank. Dort, wo der Kiesweg in einem Linksbogen hinauf zur Strasse führt, überqueren wir den Rasen der Badi. Bei der Hecke gibts eine schmale Fortsetzung des Weges (1 m breit), kurz darauf vorbei an der Kläranlage und dann definitiv hinauf zur Strasse (Steigung 9 %). Achtung: Kurz vor der Strasse nehmen wir nicht die Holzbrücke des Wanderwegs, sondern wir benutzen die asphaltierte Brücke. Diesem Weg, der kurz 11 Prozent und dann auf etwa 200 Metern

Am Ende der Tour sitzen wir gemütlich beim Aussichtsturm am Kreuzlinger Hafen und haben uns eine Menge zu erzählen.

um 8 Prozent ansteigt, bleiben wir bis Bottighofen treu. Das Strässchen mündet nach einer leichten S-Kurve in den Hafen. Hier war bei den Recherchen zu diesem Führer eine grosse Baustelle, so dass wir wieder auf den Veloweg parallel zur Bahn ausweichen mussten. Der Wanderweg führt aber am Hafen vorbei und wieder direkt am Ufer des Bodensees weiter nach Kreuzlingen. Beim Schwimmbad folgt eine knifflige Stelle, denn wir müssen den Zugang der Badegäste zum Wasser mittels einer Bogenbrücke (14 % über 2 m) überwinden. Vor dem Restaurant ist eine Velobarriere mit 120 Zentimeter Freiraum. Anschliessend gelangen wir zur Gartenbeiz des Fischerhauses und dann zum Yachthafen. Wir fahren zunächst auf der Innenseite des Hafens, zweigen dann aber von der Promenadenstrasse ab, um wieder, an den Yachten vorbei, zum See zu gelangen. Vorne angekommen biegen wir links in den Kiesweg ein, überqueren eine Holzbrücke (8 %, 3 cm hoher Absatz) und erreichen den grossen Seeburgpark. Am Schloss vorbei, folgen wir dem Ufer bis zum Aussichtsturm, wo wir schon unser Ziel, das blaue, halbrunde Gebäude der Bodensee-Arena, erkennen. Nun müssen wir nur noch um den Hafen herum, und wir sind dort. Bei der Rückfahrt zum Hafenbahnhof wartet noch die Rampe bei der Bahnunterführung (5 %) auf uns.

In der Stadt mit den ersten Niederflurbussen der Welt **9**

Frauenfeld

Auf «unserer lieben Frauen Feld», einer der Muttergottes geweihten Hochfläche über der Thur, entstand der Kern der Stadt Frauenfeld um 1230. Er wurde auf einem Rechteck von 250 x 110 Meter erbaut. Der Höhenunterschied zwischen dem tiefer gelegenen Bahnhof und der darüber thronenden Altstadt ist für Rollifahrer kein Problem.

Frauenfeld (405 m ü. M.), die Hauptstadt des Thurgaus, liegt südlich der Thurebene auf einem Felsrücken.

Frauenfeld erreichen wir von Zürich aus mit IC und ICN in Fahrtrichtung Romanshorn (Kursbuch 840).

Auf der A1 Zürich–St. Gallen bis zur Verzweigung Winterthur-Ost. Von dort über die A7 bis Ausfahrt Frauenfeld-West. 2 Rolliparkplätze am Bahnhof.

Naturmuseum und Museum für Archäologie: Di–So, 14.00–17.00 Uhr. Plättlizoo: Täglich 9.00–18.00 Uhr, im Winter bis 17.00 Uhr.

Der Besuch von Altstadt, Museum und Plättlizoo dauert je nach Interesse rund 3–4 Stunden.

Keine Steigungen zwischen Bahnhof und Altstadt (Lift). Leichtes Auf und Ab im Plättlizoo.

Tourist Service
Bahnhofplatz 75
8501 Frauenfeld
Tel. 052 721 31 28
www.frauenfeld.ch

Oben: Rollifahrer werden gratis befördert.
Unten: Sehenswertes im Naturmuseum.

Der Lift im Einkaufszentrum «Passage» ist schon eine Attraktion für sich ...

Links: Autofreie Zürcherstrasse, im Hintergrund die Stadtkirche St. Niklaus.
Rechts: Eine kleine Rundfahrt führt uns am Schloss Frauenfeld vorbei.

Unser Ausflugsziel

Frauenfeld, die Kantonshauptstadt des Thurgaus, kann nicht nur eine Reihe Sehenswürdigkeiten aufweisen – die Stadt erhielt auch eine Pionierrolle in Bezug auf die Rollstuhlfreundlichkeit beim öffentlichen Verkehr. Seit 1981 verkehren auf dem gesamten Streckennetz des Stadtbusses Frauenfeld rollifreundliche Niederflurfahrzeuge. In den Achtzigerjahren die weltweit erste Komplettlösung dieser Art.

Nach unserer Ankunft im Bahnhof Frauenfeld überqueren wir den Bahnhofplatz und benutzen die kleine Rampe, die aufs Trottoir zum Einkaufszentrum «Passage» führt. Wir fahren durch den Haupteingang zum modernen Glaslift, der uns in den ersten Stock hinaufbringt. Durch die Glasschiebetür links rollen wir hinaus Richtung Altstadt. Der zweite Lift befindet sich an der Grabenstrasse beim ÖKK-Gebäude. Wir fahren hinauf in die Zürcherstrasse (Taste «0»), wo wir nach einem kurzen Durchgang direkt in die sehenswerte Altstadt gelangen. Beim Tourist Service am Bahnhofplatz kann die kleine Broschüre «Altstadtrundgang» mit vielen wissenswerten Infos bezogen werden. Wir gehen rechts durch die autofreie Zürcherstrasse Richtung Schloss. Beim Brunnen überqueren wir die Strasse und das Bahngleis (Vorsicht, Schrägabsatz). Auf der anderen Seite umrunden wir das Schloss und fahren hinunter

Rolli-Infos

Öffentliche Verkehrsmittel
Mobilift am Bahnhof Frauenfeld für die Züge der SBB. Bei der Bushaltestelle «Altstadt» gegenüber der Stadtkirche St. Niklaus steigen wir in den Niederflurbus Nr. 3. Er fährt direkt zum Plättlizoo.

Bodenbeschaffenheit
Asphalt und gut verfugtes Kopfsteinpflaster. Holzsteg über die Murg. Im Museum Parkettböden. Im Plättlizoo Kieswege.

Neigungen
Rampe am Bahnhof 12 %. Mit dem Lift eben in die Altstadt hinauf. Im Plättlizoo beträgt die Steigung zu den Raubtieren 20 % über 2 m, der Rundweg weist längere Höhenunterschiede bis max. 15 % über 50 m auf.

Signalisierung
Keine spezielle Wegbeschilderung für Rollifahrer. Der «Schleichweg» durchs Einkaufszentrum mit dem Lift ist nicht jedermann bekannt.

Hindernisse/Zugänge
Der Lift im Einkaufszentrum hat eine 108 cm breite Tür, jene des Liftes zur Altstadt hinauf misst 86 cm. Die Flügeltür des Warenliftes (90 cm) im Museum lässt sich etwas schwer öffnen. Bei den Niederflurbussen gibts bei der Tür einen Drückknopf. Die Rampe wird vom Fahrer manuell ausgeklappt. Weil sich die steile Rampe (20 % über 2 m) zu den Raubtieren bei der Kasse des Plättlizoos befindet, ist meist schnell Hilfe zu Stelle. Riesige Drehtür beim Ausgang.

Rollstuhlgängige WCs
Bahnhof: Türbreite 72 cm, Sitzhöhe 44 cm, Haltegriff rechts, Eurokey oder Schlüssel am Schalter verlangen. Museum: im 3. Stock, Türbreite 90 cm, Sitzhöhe 46 cm, Haltegriffe beidseits vorhanden. Plättlizoo: vor Zooeingang Schwelle 6 cm, Türbreite 89 cm, Sitzhöhe 45 cm, Haltegriffe beidseits vorhanden.

Restaurant
Museumscafé im Erdgeschoss sowie Gartencafé im Museumshof, mit dem Warenlift zugänglich. Restaurant über Rampe erreichbar.

Übernachtung
Die Kartause Ittingen (Tel. 052 748 44 11) befindet sich in Warth ausserhalb von Frauenfeld. Zwei Spezialzimmer, mit öV nicht gut zu erreichen. Weitere Hotels: www.rollihotel.ch.

Hilfestellungen
Beim Plättlizoo kann ein Handrollstuhl ausgeliehen werden.

Besonderes
Hunde sind im Plättlizoo nicht gestattet (auch keine Begleithunde). Museum: Führungen für Sehbehinderte und Blinde auf Anfrage.

Fahrdienste, Taxis
Verein Behindertenbusse
Tel. 052 720 22 40

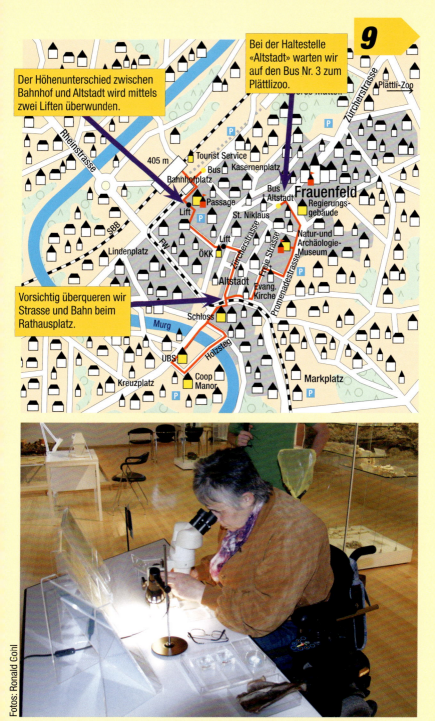

Im Museum für Archäologie (freier Eintritt für alle) begeben wir uns auf die Spuren unserer Vorfahren. Der Blick durchs Mikroskop ist auch Rollstuhlfahrern möglich.

9   Museum und Zoo

Natur- und Menschheitsgeschichte Tür an Tür – eine spannende Kombination, die es auf drei Stockwerken im Naturmuseum und Museum für Archäologie des Kantons Thurgau in Frauenfeld zu bestaunen gibt. Dem Gebäude ist ein Garten mit verschiedenen Nutz- und Kulturpflanzen angegliedert. Die Ausstellungsgegenstände werden in einer Höhe präsentiert, die für Rollifahrer ideal ist. Auch der Blick durchs Mikroskop im dritten Stock ist möglich. Das Museum versteht es auch, das Interesse für die Archäologie zu wecken. Wer kennt die römische Kleinstadt TASGETIVM? Oder wer hat schon einmal einen 5400 Jahre alten Steigbaum aus einem Pfahlbauerdorf gesehen? Und wer weiss, wie sich die Römer von lästigen Kopfläusen befreit haben? Dies und vieles mehr erfahren wir auf einer spannenden Reise in die Vergangenheit.

Der auf einer Anhöhe vor den Toren Frauenfelds gelegene Plättlizoo beherbergt etwa 50 verschiedene Tierarten aus aller Welt. Mit Löwen, Tigern und Leoparden sind auch Grosskatzen vertreten. Der Rundgang führt durch eine landschaftlich schön angelegte Anlage mit herrlichem Blick auf die Thurebene. Zum Abschluss können wir in der Gartenwirtschaft einen Eisbecher bestellen.

zum Holzsteg über die Murg. Via Manor, Coop und UBS gelangen wir zurück aufs Trottoir und fahren auf diesem wieder hinauf zur Altstadt. Nachdem Strasse und Bahngleis ein zweites Mal vorsichtig überquert wurden, gehts durch die Laube der Schlossapotheke und dann links in die Freie Strasse hinein. Wir folgen dem braunen Schild Richtung Museum. Rollifahrer sollten den Hintereingang benützen. Deshalb gehts nach der evangelischen Kirche rechts in eine Seitengasse, um wenige Radumdrehungen weiter gleich wieder links in die Promenadenstrasse abzuzweigen. An dieser finden wir den Museumshof mit dem Café. Wir läuten an der Serviceglocke rechts von der Tür. So wird uns der Eingang zum Warenlift links geöffnet. Mit diesem werden alle Räume des Naturmuseums und Museums für Archäologie erreicht.

Nach dem Museumsbesuch fahren wir am Regierungsgebäude vorbei zur Bushaltestelle «Altstadt», wo es mit dem Bus Nr. 3 weiter zum Plättlizoo geht.

Im Museumsgarten an der Promenadenstrasse können wir die Nutz- und Kulturpflanzen bestaunen. Hier befindet sich auch der Rolli-Eingang.

Oben: So nah wie kaum anderswo kommen wir dem Tiger im Plättlizoo.
Unten: Diese Ponys sind sehr zutraulich und lassen sich mit etwas Geduld streicheln.

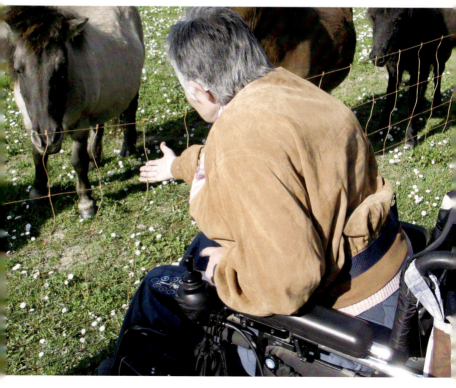

Durch Auenwälder dem Rhein entlang zur Klosterinsel — 10
Rheinau

Wer kennt Rheinau am Nordzipfel des Kantons Zürich? Falls wir dieses schöne Riegelhausdorf mit seiner Klosterinsel, den prachtvollen, herrschaftlichen Bauten inmitten einer Rheinschlaufe noch nicht besucht haben, so wird es höchste Zeit dafür … Auf Rollifahrer wartet ein schöner Rundgang, bei dem alles zu stimmen scheint.

Rheinau (372 m ü. M.), umgeben von Auenwäldern, liegt in einer der schönsten Rheinschlaufen Europas.

Wir erreichen Rheinau mit der S33 Winterthur–Schaffhausen. In Marthalen steigen wir ins Postauto um. (Kursbuch 762, 800.620).

Auf der A4 Winterthur–Schaffhausen bis zur Ausfahrt Benken. Ab hier der Beschilderung Rheinau folgen. Grosser Parkplatz, aber keine Rolliparkfelder auf dem Klosterplatz.

Die Wanderung ist das ganze Jahr, wenn kein Schnee und Eis liegt, möglich.

Der Rundweg durch die Rheinschlaufe dauert, wenn wir es gemütlich nehmen, rund 1 h 30 min.

Ebener, rollstuhlgängiger Weg. Alternativer, schmaler Uferpfad mit geringem Auf und Ab.

Gemeinde Rheinau
Schulstr. 11, 8462 Rheinau
Tel. 052 305 40 80
www.rheinau.ch

Das Dorf Rheinau besticht durch seine typischen Rheinländer Riegelhäuser.

Oben und unten: Wanderung entlang den Rheinauen mit idyllischen Ruhebänken.

Spätgotische Herrenhäuser auf dem Klosterplatz. Kopfsteinpflaster gibt es allerdings nur unmittelbar in der Nähe des Klosters.

Unser Ausflugsziel

Rheinau gilt als nördlichster Zipfel des Kantons Zürich. Der Rhein umfliesst das Dorf mit seiner Klosterinsel in einer grossen Schlaufe, die auch Ziel unserer heutigen Wanderung ist.

Am einfachsten erreichen wir Rheinau mit dem eigenen Auto, das wir auf dem Klosterplatz parkieren. Rolliparkfelder gab es zum Zeitpunkt der Recherchen leider noch keine. Wer mit dem Auto anreist, hat den Vorteil, dass er die erste, etwas happige Steigung gleich zu Beginn nehmen kann, wenn noch ausreichend Kraftreserven vorhanden sind. Auf die Benutzer des öV wartet diese Herausforderung zum Schluss der Tour.

Der Klosterplatz ist mit Kopfsteinpflaster ausgestattet. Wir fahren am Klosterkeller vorbei aufs Trottoir, dem wir bis zum Kirchgemeindehaus treu bleiben. Hier haben wir die Steigung geschafft, verlassen das Trottoir und biegen in die Ochsengasse ein. Weil wir nach einigen schönen Riegelhäusern gleich wieder rechts in die Austrasse abzweigen, benutzen wir nicht das Trottoir. Nach etwa 150 Metern schwenken wir links in den Salmenweg ein und rollen an Einfamilienhäusern vorbei bis zum Ende dieser Quartierstrasse. Wir achten dabei auf den Wanderwegweiser, der beim letzten Haus rechts in den Rotlaubenweg führt. Dieser etwa 100 Zentimeter breite Wanderweg führt nun parallel zum Rhein. Unterwegs gibts

Rolli-Infos

Öffentliche Verkehrsmittel
Zum Zeitpunkt der Recherchen zu diesem Ausflugsführer war nur jeder zweite Zug der S33 ein Niederflur-Thurbo. Dies soll sich jedoch 2008 ändern, so dass jeder Zug für Rollifahrer geeignet ist. Beim Postauto Marthalen–Rheinau kann eine Rampe ausgeklappt werden. Einsatz des Postautos kann telefonisch angefragt werden: Tel. 0848 988 988 oder 044 317 27 00.

Bodenbeschaffenheit
Kopfsteinpflaster auf dem Klosterplatz, Trottoir und Teerstrassen im Bereich des Dorfes, Kies- und Wanderwege entlang dem Rhein.

Neigungen
Die grösste Steigung (10 %) auf einer Länge von etwa 200 m erwartet uns zwischen dem Klosterplatz und der Post. Wer den alternativen Uferpfad nimmt, muss dort mit einem Gefälle von 14 % über 25 m und einer Steigung von 8 % rechnen. Weitere kleinere Neigungen von 5 bis 8 % auf den Feldwegen sind eher unbedeutend.

Signalisierung
Wir achten auf die Wanderwegweiser und die Wegbeschreibung.

Hindernisse/Zugänge
In Marthalen haben wir je nach Kondition nur geringe Probleme aus dem «Thurbo» auszusteigen – der Lokführer kann eine mobile Rampe ausfahren, um den Spalt zwischen Zug und Perron zu überwinden. Weil die Anschlüsse aufs Postauto knapp bemessen sind, sollte jemand den Chauffeur verständigen. Nach der Feuerstelle dürfen wir nicht mehr dem Wanderweg am Rheinufer folgen, der Aufstieg bei der Brücke wäre zu steil. Wir nehmen den Weg über die Rheingasse. Um die Klosterkirche zu betreten, benötigen wir eine Rampe, diese befindet sich links vom Klostereingang und muss von einer Begleitperson montiert werden.

Rollstuhlgängiges WC
Ein Rolli-WC befindet sich auf der Klosterinsel: Türbreite 92 cm, Sitzhöhe 43 cm, 2 Haltegriffe, fest (rechts) und beweglich (links). Lavabo 85 cm, Klappspiegel.

Restaurant
Das Restaurant Augarten liegt am Wanderweg und verfügt über eine rollstuhlgängige Gartenwirtschaft.

Übernachtung
Das Hotel Banana City (Tel. 052 268 16 16) an der Schaffhauserstrasse 8 in Winterthur verfügt über zwei Spezialzimmer und liegt nur 500 m vom Bahnhof entfernt.

Hilfestellungen
Es empfiehlt sich, diese Wanderung mit einer Begleitperson zu machen.

Besonderes
Idyllische Feuerstelle am Rhein.

Fahrdienste, Taxis
Steinemann Kleinbus, Schaffhausen
Tel. 052 635 35 35
info@steinmann-kleinbusse.ch

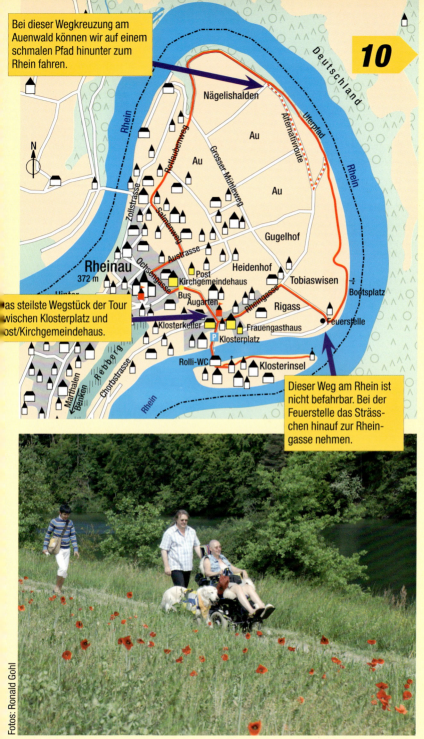

Idyllisch und wildromantisch führt unser leichter Rundwanderweg auf grossen Strecken entlang dem ruhig dahinfliessenden Rhein.

10 Kloster Rheinau

Idyllisch, wie aus einer anderen Zeit, liegt das Kloster Rheinau still auf einer Insel mitten im Rhein. Nur eine Brücke verbindet die Insel mit dem Festland und dem Dorf Rheinau. Der Rhein, welcher das Dorf und das Kloster in einer grossen Schlaufe umfliesst, zählt zusammen mit den Auenwäldern zu den schönsten Flusslandschaften Europas. 1455 wurde auf der Insel unter dem Schutz der Eidegenossenschaft ein Kloster erbaut. Nachdem 1803 eine liberale Regierung im Kanton Zürich an die Macht kam, bescherte diese dem Kloster ein Novizen-Verbot. 1862 beschloss der Grossrat sogar die Schliessung des Klosters. Die vielen hundert Zimmer stehen heute leer, nachdem die psychiatrische Klinik ausgezogen ist, welche das Gebäude zwischenzeitlich genutzt hatte. Die Klosterkirche von Rheinau gehört zu den bedeutendsten Sakralbauten der Schweiz. Der Barockbau wurde 1710 von Abt Gerold II. eingeweiht. Mit dem Rolli können wir das grosse Kirchenschiff und einen Teil der Sakristei (nur bei Führungen) befahren.

Zu den kulturell bedeutenden Gebäuden Rheinaus gehört auch das ehemalige Frauengasthaus mit dem Kaisersaal.

mehrere Regenrinnen, die jedoch gut zu überqueren sind. Das gegenüberliegende Rheinufer gehört bereits zu Deutschland. Wir kommen zu einer Kreuzung und zum ersten Posten des ökologischen Lehrpfades der Gemeinde Rheinau. Dieser begleitet uns auf den nächsten Kilometern. Wir gehen bei der Kreuzung geradeaus und kommen alsbald zu einer Stelle am Auenwald, wo wir über den Uferpfad (95 cm) hinunter zum Rhein fahren (14 % Gefälle). Wem dies zu steil ist, fährt auf dem Feldweg weiter und nimmt die nächste Linksabzweigung, die ebenfalls zum Rhein führt. Wir folgen nun dem Ufer, kommen am Bootsplatz vorbei und erreichen die Feuerstelle. Hier gehen wir den Feldweg rechts hinauf und erreichen die Rheingasse. Bei dieser links, bis wir unsere Runde beim Restaurant Augarten schliessen.

Eine genaue Beschreibung des Ausflugsziels «Technorama» finden Sie im ersten Band «Ausflugsspass ohne Hindernisse» auf Seite 82.

Einleuchtende Erlebnisse.

Experimentieren Sie nach Lust und Laune an über 500 interaktiven Phänobjekten und Versuchen. Die ganze Ausstellung ist rollstuhlgängig, sehr viele Exponate sind auch für Sehbehinderte und Gehörlose absolut einmalig und erlebenswert.
Nur *ein* Highlight: die grösste Plasmakugel der Welt!

Dienstag - Sonntag, 10 - 17h;
an allgemeinen Feiertagen
auch montags geöffnet
Tel. 052 244 08 44
www.technorama.ch

THE SWISS
TECHNORAMA
SCIENCE CENTER

Langer, aber leichter Rundweg im Zürcher Oberland 11

Pfäffikersee

Die Moorlandschaft am Pfäffikersee wartet mit aussergewöhnlichen biologischen und landschaftlichen Werten auf. Der See ist nach dem Rückzug der Gletscher am Ende der letzten Eiszeit vor mehr als 10 000 Jahren entstanden. Mit dem Rolli umrunden wir den Pfäffikersee im Schritttempo in zweieinhalb Stunden, mit dem Elektrorolli oder Scooter ist die Fahrt wesentlich kürzer.

Pfäffikon ZH (538 m ü. M.), liegt am gleichnamigen See im Zürcher Oberland zwischen Uster und Wetzikon.

Von Zürich via Uster (S5) und weiter mit Bus 830 nach Pfäffikon bis Haltestelle «Kirche».

Auf der A53 bis Ausfahrt Uster-Nord. Weiter über Pfäffikon Richtung Wetzikon/Hinwil. Bei Auslikon rechts zum Strandbad abzweigen. Keine Rolliparkfelder beim Strandbad.

Die 8,7 km lange Rundwanderung ist das ganze Jahr, wenn kein Schnee und Eis liegt, möglich.

Eine Runde um den Pfäffikersee dauert, wenn wir es gemütlich nehmen, etwa 2 h 30 min.

Ebener, rollstuhlgängiger Weg. Dazwischen kleinere Höhenunterschiede von wenigen Metern.

Gemeinde Pfäffikon
Hochstr. 1, 8330 Pfäffikon
Tel. 044 952 52 52
www.pfaeffikon.ch

Der Pfäffikersee und seine natürlichen Ufer stehen unter Naturschutz.

Einige Wegabschnitte führen entlang des Wassers, andere durch Obstplantagen.

Immer wieder haben wir die Möglichkeit, durchs Schilf hinaus ans Wasser bis vor die Holzstege zu fahren. Dabei können wir die Wasservögel beobachten.

Unser Ausflugsziel

Kennen Sie den Sonnentau, die Besenheide, die Moosbeere und die Rosmarinheide? Diese Pflanzen, früher weit verbreitet, sind heute weitgehend aus unserer Landschaft verschwunden. Das Ufer des Pfäffikersees gehört zu den wenigen Regionen der Schweiz, wo diese Arten noch einen Lebensraum finden.

Wir beginnen unsere Rundwanderung auf dem Kiesparkplatz des Strandbades Auslikon. Im Sommer empfiehlt es sich, wegen den vielen Badegästen und den fehlenden Rolliparkfeldern rechtzeitig anzureisen. Wir fahren, vorerst noch auf dem Asphalt, über die Brücke und anschliessend zwischen Anmeldung Campingplatz und Hecke auf einem schmalen Schotterweg in Richtung See. Die kleinen Betonrohre, die leicht aus dem Weg ragen, stören nicht sehr. Beim zweiten Parkplatz wenden wir uns nach rechts und folgen nun dem Seeweg. Mehrere kurze Wege führen durchs Schilf zu idyllischen Holzstegen. Die Überquerung des Aabachs ist die erste knifflige Stelle, die Brücke ist nach oben gebogen und steigt/fällt kurz, aber steil an/ab (13 % über je 2 m) auf. Nach einem etwas feinkörnigeren Kiesweg erreichen wir nach ca. 200 Metern eine T-Verzweigung. Wir wenden uns nach rechts und erreichen die Seegräbnerbucht. Wer Lust hat, kann die steile Strasse (Steigung 18 % über 100 m) hinauf zu Juckers Erlebnishof (Hofladen,

Rolli-Infos

Öffentliche Verkehrsmittel
Im Frühjahr 2007, zum Zeitpunkt der Recherchen zu diesem Buch, hiess es zwar, Pfäffikon ZH sei mit dem öV für Mobilitätsbehinderte zu erreichen. Die Versuche scheiterten jedoch, und der ZVO versprach für die Zukunft Besserung. Informationen zu Einsatzplänen bei Herrn Schaufelberger, Tel. 079 228 98 52.

Bodenbeschaffenheit
Meist gestampfter Naturweg entlang dem Schilf, kurze Abschnitte auch Kieswege, vor dem Hotel Seerose muss ein Holzsteg befahren werden, zwischen Pfäffikon und dem Römerkastell Asphalt.

Neigungen
Meist ebene Wege. Dazwischen überqueren wir kleine Brücken mit Steigungen bis 8 %. Manchmal auch kurze Steigungen (14 % über 3 m). Zu Juckers Erlebnishof (fakultativ) Steigung 18 % über 100 m. Beim Römerkastell längere Steigung auf Teerstrasse.

Signalisierung
Wir achten auf die Wanderwegweiser und die Wegbeschreibung.

Hindernisse/Zugänge
Der Uferweg ist immer zwischen 100 und 150 cm breit, manchmal sogar breiter. Im Bereich der Badi Seegräben sind auf einem Abschnitt von wenigen Metern Steinplatten und Wurzeln auf dem Weg, die jedoch mit etwas Geschick umfahren werden können. Der Holzsteg vor dem Hotel Seerose ist etwas holprig und weist auf der Landseite kein Geländer auf. Die Besichtigung des Römerkastells ist nicht möglich.

Rollstuhlgängiges WC
Hotel Seerose: Türbreite 78 cm, Sitzhöhe 52 cm, Haltegriff rechts beweglich. Lavabo (75 cm) unterfahrbar, Klappspiegel.
Strandbad Baumen: Eurokey (WC kann benutzt werden, wenn das Strandbad geöffnet ist).

Restaurant
Das Gartenrestaurant des Hotels Seerose ist stufenlos zu erreichen. Ins Innere führt eine automatische Tür (94 cm), ebenfalls stufenlos.

Übernachtung
Das Hotel Seerose hat 15 Zimmer, viele mit Seeblick. Die Zimmer sind mit dem Lift (98 x 125 cm) zu erreichen. Die Tür ins Bad ist mit 58 cm allerdings etwas schmal. Weitere Hotels im Internet unter www.rollihotel.ch.

Hilfestellungen
Es empfiehlt sich, diese Wanderung mit einer kräftigen Begleitperson zu machen. Von Vorteil sind Elektrorolli, Handbike, Swiss-Trac oder Scooter.

Besonderes
Viele schöne Ruhebänke, mehrere Feuerstellen.

Fahrdienste, Taxis
Verein Rollstuhlbus, Wetzikon
Tel. 044 932 64 64.

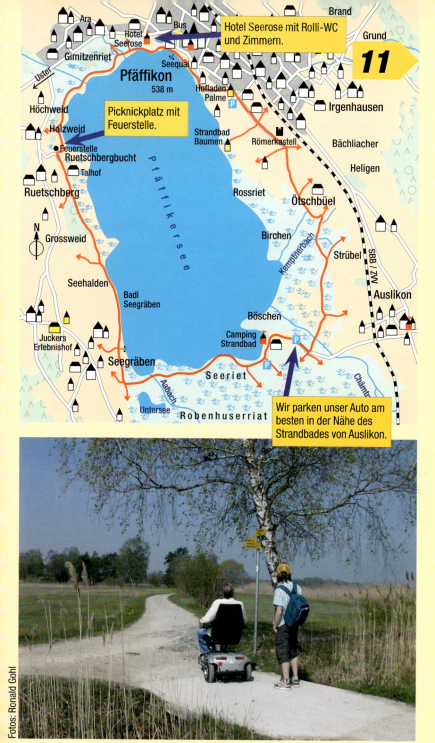

Der Rundweg am Pfäffikersee ist gut beschildert. Die gelben Wanderwegweiser lassen keine Zweifel offen, wo es langgeht.

11 Stiftung zur Palme

Ausgangs Pfäffikon treffen wir auf den Hofladen der Stiftung zur Palme. Der drittgrösste Betrieb von Pfäffikon ZH bietet rund 300 Menschen mit und ohne Behinderung einen Arbeits- oder Ausbildungsplatz. Insgesamt stehen 95 Wohn- und 142 Arbeitsplätze für Menschen mit einer vorwiegend geistigen Behinderung zur Verfügung. Die Stiftung zur Palme geht von der Lern- und Entwicklungsfähigkeit aller Menschen aus und unterstützt die Entwicklung der vorhandenen Kräfte und Fähigkeiten. Im Hofladen können Produkte des mit der Bio-Knospe zertifizierten Betriebes gekauft werden. Erhältlich sind selbstgemachte Konfitüren, Sirups, Tees, verschiedene Kräutermischungen und Liköre, aber auch originelle Gebrauchsartikel und Geschenke. Weitere Infos zur Stiftung gibts im Internet unter ww.palme.ch.

Bei der Ruetschbergbucht geniessen wir das Picknick an einem idyllischen Picknickplatz mit Feuerstelle.

Buurechuchi, Events) fahren. Der Seeweg führt nun weiter, stellenweise direkt am Wasser, dann wieder über weite Strecken hinter dichtem Schilfgürtel. Bei der Ruetschbergbucht erreichen wir einen idyllisch gelegenen Grillplatz. Wir folgen wieder dem Uferweg und erreichen nach der Überquerung des Kanals einen etwa 100 Meter langen Holzsteg, welchem das Hotel Seerose folgt. Nach einer Stärkung auf der Gartenterrasse fahren wir weiter über den Seequai Pfäffikon und wenig später auf einer asphaltierten Strasse vorbei am Hofladen Stiftung zur Palme zum Römerkastell. Dieses können wir nur von unten betrachten. Auf einem breiten Kiesweg rollen wir weiter durchs Ried bis zu einer Ruhebank, wo wir scharf nach rechts abbiegen. Der Weg führt weiter durch die Moorlandschaft und über den Kemptnerbach (Holzlatten) bis zur Teerstrasse (Steigung 14 % über 3 m). Auf dieser gehts nun zurück bis zu unserem Ausgangspunkt, dem Parkplatz beim Strandbad Auslikon.

Seien Sie unser Gast

Geniessen Sie einen wunderbaren Aufenthalt in Basel und im Hotel Hilton.

Dank unseren vielen Mobilitätshilfen im Hotel sind wir kein Hindernis für Sie. Wir bieten spezielle Dienstleistungen und Zimmer, die mit Hilfsmitteln für Rollstuhlfahrer, Blinde, Sehbehinderte, Gehörlose und Schwerhörige ausgerüstet sind.

Aeschengraben 31
4051 Basel
Tel: 061 275 66 00 Fax: 061 275 66 50
E-mail: info.basel@hilton.com

hilton.ch

---

 vogelwarte.ch

Willkommen an der Vogelwarte

Angebot:
- Vogelwarte-Garten
- Voliere mit einheimischen Vögeln
- Ausstellung
- Gruppenführungen auf Anfrage
- ganze Anlage rollstuhlgängig

Öffnungszeiten:
Mo	geschlossen
Di - Fr	8 - 17 Uhr

Sa/So und Feiertage
vom 1. April - 31. Okt.	10 - 17 Uhr
vom 1. Nov. bis 31. März	geschlossen

Schweizerische Vogelwarte
CH-6204 Sempach
Tel. 041 462 97 00
Fax. 041 462 97 10
www.vogelwarte.ch
info@vogelwarte.ch

Tropischer Regenwald und Löwen auf dem Zürichberg **12**
Zoo Zürich

Hoch über der Stadt Zürich erwartet uns der 11 000 Quadratmeter grosse Masoala-Regenwald. Hautnah erleben wir darin das ganze Jahr eine feuchtwarme, tropisch duftende Oase. Nicht weit davon brüllen die Löwen in einer artgerechten Anlage. Die meisten Wege im Zoo Zürich sind rollstuhlgängig und auf dem am Eingang verteilten Zooplan klar gekennzeichnet.

Den Zoo Zürich finden wir auf dem Zürichberg hoch über der grössten Stadt der Schweiz auf 609 m ü. M.

Mit dem Tram der Linie 6 von der Haltestelle Bahnhofstrasse bis zur Endstation Zoo.

A1 Ausfahrt 65 Dübendorf, weiter über Gockhausen zum Zoo. Mehrere Rolliparkplätze vor dem Zoo.

Das ganze Jahr; von März bis Oktober 9.00–18.00 Uhr, von November bis Februar 9.00–17.00 Uhr, Masoala-Regenwald immer ab 10.00 Uhr.

Der Rundweg durch den Zoo Zürich dauert meist einen halben bis einen ganzen Tag.

Weil der Zoo am Hang liegt, sind Höhenunterschiede unvermeidbar. Hilfsperson oder Elektrorolli von Vorteil.

Zoo Zürich
Zürichbergstrasse 221
8044 Zürich
Tel. 0848 966 983
www.zoo.ch

Oben: Wo der Löwe wohl steckt? Gespannt halten die Kinder Ausschau.

Oben und unten: Im Masoala-Regenwald gibt es nur nachts ergiebige Niederschläge.

Im Masoala-Regenwald suchen wir den Roten Vari. Diesen Halbaffen entdecken wir wegen seinem roten Fell leicht im grünen Blätterwerk.

Unser Ausflugsziel

Der Masoala-Regenwald braucht viel Feuchtigkeit, wird zu unserem Glück aber nur ausserhalb der Besucherzeiten beregnet. Rote Varis, Pantherchamäleons, Rodrigues-Flughunde und Vasapapageien sind nur einige der über 30 Tierarten, die sich im Regenwald frei bewegen. Nehmen wir uns Zeit, die Tiere in ihrer natürlichen Umgebung zu beobachten und die exotische Pflanzenwelt zu entdecken. Das Erlebnis im Masoala-Regenwald ist schon alleine wegen des besonderen, feucht-heissen Klimas ein grossartiges Erlebnis für sich.

Menschen mit einer Behinderung sind im Zoo Zürich willkommen. Schon der Übersichtsplan, an der Kasse erhältlich oder von der Website www.zoo.ch downloadbar, zeigt an, wo ein Durchkommen möglich ist. Zum Glück bei praktisch allen Wegen. Der Masoala-Regenwald kann problemlos allein mit dem Handrolli befahren werden, im übrigen Zoo muss man etwas sportlich sein oder über einen Elektrorolli verfügen. Behinderte bis 16 Jahre erhalten gratis Eintritt. Die Stiftung Kinderhilfe Sternschnuppe und der Zoo Zürich finanzieren die Eintritte für behinderte, langzeit- oder schwerkranke Kinder von 6 bis 16 Jahren sowie behindertengerechte Führungen (mind. einen Monat im Voraus reservieren, Tel. 044 254 25 33). Die einzelnen Wege sind stufenlos und terrassen-

Rolli-Infos

Öffentliche Verkehrsmittel
Ab Bahnhofstrasse in Richtung Zoo; Tram mit einem Niederflur-Mittelteil (Sänfte).

Bodenbeschaffenheit
Geteerte Wege, Kiesböden, Beton und Steinplatten wechseln sich ab.

Neigungen
Zahlreiche, meist kurze Steigungen von bis zu 11 %. Im Masoala-Regenwald gehts leicht bergauf, was mit dem Handrolli auch allein gut machbar ist.

Signalisierung
Rollipiktogramme weisen darauf hin, wenn ein Weg nicht rollstuhlgängig ist. Auf dem Übersichtsplan sind diese dunkelgrau eingezeichnet.

Hindernisse/Zugänge
Wir beginnen unseren Rundgang am besten im Masoala-Regenwald, vor dem sieben Rolliparkplätze zur Verfügung stehen. Die elektrischen Schiebetüren sind 110–130 cm breit, anschliessend führt eine bequeme Rampe hinunter zur Kasse. Nach dem Zoolino für Kinder folgt die erste, etwas anstrengende Steigung hinauf ins nördlich gelegene Zoogelände. Mit einer Hilfsperson oder einem Elektrorolli ist dies jedoch gut zu bewältigen.

Rollstuhlgängige WCs
Über den ganzen Zoo verteilt, gibt es zahlreiche rollstuhlgängige WCs, z. B. Masoala-Haus: Türbreite 83 cm, Sitzhöhe 44 cm, 2 Haltegriffe vorhanden, rechts fest montiert, links beweglich, Klappspiegel.

Restaurant
Vier Restaurants, alle rollstuhlgängig, daneben auch zwei Picknickplätze.

Übernachtung
Das Hotel Seidenhof (Tel. 044 228 75 00) an der Sihlstrasse 9 verfügt über ein Spezialzimmer. Die Jugendherberge an der Mutschellenstrasse 114 (Tel. 043 399 78 00) besitzt vier Spezialzimmer.

Hilfestellungen
Der Zoo organisiert Anlässe für Kinder mit diversen Behinderungen, u.a. mit Sehbehinderungen.
Ausleihen von Hand- und Elektrorolli möglich, Reservation wird empfohlen, Tel. 044 254 25 43.

Besonderes
An der Kasse unbedingt den Übersichtsplan mitnehmen.

Fahrdienste, Taxis
BTZ Zürich
Tel. 044 444 22 11

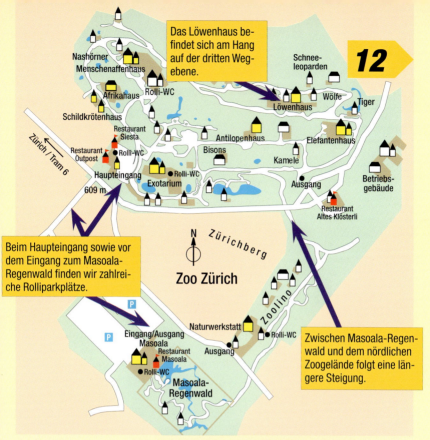

Durch eine Blockhaushütte mit Gucklöchern erspähen wir aus sicherer Distanz das im Birkenwäldchen ruhende Wolfsrudel.

12 Masoala-Regenwald

Der Regenwald auf der Halbinsel Masoala ist einer der weltweit artenreichsten Lebensräume. Viele einzigartige Pflanzen- und Tierarten, wie zum Beispiel der Rote Vari, sind nur in Masoala zu finden. Laufend werden neue Pflanzen und Tierarten entdeckt. Der Zoo Zürich leistet mit seinem Engagement in Masoala einen direkten Beitrag zur Erhaltung des Regenwaldes und dessen seltener, endemischer Tier- und Pflanzenarten. Mit den Beiträgen an die Betriebskosten und dem Aufbau eines Fonds zugunsten des Masoala-Nationalparks wird der langfristige Schutz sichergestellt. Als Botschafter für die Schönheit des madagassischen Regenwaldes fördert der Zoo Zürich die Wertschätzung des Regenwaldes sowohl in der Schweiz als auch in Madagaskar. Der Zoo Zürich steuert jährlich aus Spenden und Umsatzprozenten des Masoala-Shops und Masoala-Restaurants mindestens 100 000 Dollar an die Betriebskosten und den Fonds des Masoala-Nationalparks bei. Aus diesen Mitteln werden die Ranger entlöhnt, Informationsveranstaltungen für die lokale Bevölkerung durchgeführt, Lehrmittel für die Umwelterziehung in den Schulen produziert und die Infrastruktur des Parkes unterhalten.

förmig angelegt. Wir können uns also von Ebene zu Ebene hocharbeiten. Besonders sehenswert sind neben dem Masoala-Regenwald natürlich das Löwenhaus mit dem Informationszentrum. Die Indischen Löwen leben dort in Gemeinschaft mit Asiatischen Zwergottern. Die dazugehörende Ausstellung «Mensch und Löwe – eine Beziehung zwischen Angst und Verehrung» birgt einige Überraschungen. Die im Zoo Zürich gehaltenen Tiere sind Botschafter für ihre Artgenossen im natürlichen Lebensraum. Die Tiere und Pflanzen im Zoo sollen die Besucher für Naturschutzanliegen sensibilisieren, die Ausstellungen, Führungen und Informationen das Wissen über Naturschutzbestrebungen vertiefen. Gleich neben der Löwenanlage befindet sich das Freigehege mit den Tigern, weiter oben jenes der Schneeleoparden. Beide sind vorbildlich und artgerecht gestaltet worden.

Gebannt verfolgen wir das Treiben der Elefanten in ihrem Freigehege.

Oben: Der Pfau präsentiert den Besuchern stolz sein prächtiges Gefieder.
Unten: Auch die interaktiven und didaktischen Spielstationen sind auf Sitzhöhe.

Tierische Erlebnisse im Allschwiler Wald 13
Blindenhundeschule

Nur wenige hundert Meter von der französischen Grenze auf einem Hügel über dem Allschwiler Wald gibts ein kleines Tierparadies. In der Blindenhundeschule werden Labrador-Retriever auf ihre verantwortungsvolle Aufgabe als Blindenführhund ausgebildet. Dabei fehlt es ihnen an nichts, und das Gelände ist komplett rollstuhlgängig.

 Allschwil (287 m ü. M.) mit seinen markanten Riegelhäusern liegt im Westen der Stadt Basel.

 Allschwil erreichen wir vom Bahnhof SBB mit den Niederflur-Tramlinien 1 und 6, Brausebad umsteigen.

 Auf der Website der Blindenhundeschule finden wir eine detaillierte Wegbeschreibung.

 Besuchertage jeweils am ersten Samstag des Monats um 15.00 Uhr. Gruppen: Bei mindestens 10 Personen auch ab 9.00 Uhr nach voreriger Anmeldung.

 Die Führung dauert rund zwei Stunden. Für den Hin- und Rückweg ab Allschwil ca. 2 h.

 Zwischen dem Mühlebach und der Blindenhundeschule gilt es 40 Höhenmeter zu überwinden.

 Stiftung Schweizerische Schule für Blindenführhunde
Markstallstrasse 6
4123 Allschwil
Tel. 061 487 95 95
www.blindenhundeschule.ch

Oben: Steigung vor dem Ziel (15 % über 90 m).
Unten: Ausgewachsene Labrador-Retriever.

Unser Weg führt uns von Allschwil vorbei an Riegelhäusern dem Mühlebach entlang.

Noch sind die kleinen Labrador-Retriever verspielt. Im Welpengarten verfügen sie über geradezu paradiesische Verhältnisse, spielerisch die Welt zu erkunden.

Unser Ausflugsziel

1972 wurde in Allschwil die Stiftung Schweizerische Schule für Blindenführhunde gegründet. Zu ihren wichtigsten Aufgaben gehört die Zucht und Ausbildung von Blindenführhunden. Im neuen Gebäude, das 2003 bezogen werden konnte, werden auch Trainer für Blindenführhunde ausgebildet. Diese begleiten den Hund und seinen Besitzer meist ein Leben lang, denn es gibt auch während der rund 10-jährigen Arbeitszeit eines Hundes immer wieder etwas dazuzulernen oder zu korrigieren. Als Blindenführhund werden in Allschwil ausschliesslich Labrador-Retriever gezüchtet, weil sich dieser Hund für die gestellten Aufgaben besonders gut eignet. Trotz Beiträgen der IV ist die Arbeit mit den Hunden nur dank grosszügigen Spenden an die Stiftung möglich.

Wir können entweder mit einer Gruppe oder allein im PW zur Blindenhundeschule in Allschwil fahren. Die Führungen finden jeweils am ersten Samstag eines Monats statt. Wer mit dem öffentlichen Verkehrsmittel anreist, kann den Ausflug mit einer kleinen Wanderung entlang dem Mühlebach verbinden. Weil der Weg bei Betrieb auf dem Schiessstand geschlossen wird, sollten wir uns vorher bei der Blindenhundeschule telefonisch erkundigen. Der Weg führt an Riegelhäusern vorbei, wir wandern – von Allschwil aus gesehen – auf der linken Seite des Mühlebachs durch den

Rolli-Infos

Öffentliche Verkehrsmittel
Mobilift am Bahnhof Basel SBB. Die meisten Trams der Linie 1 sind niederflurig. Umsteigen an der Haltestelle Brausebad. Weiter mit den grünen «Combino»-Trams der Linie 6, sie sind ebenfalls niederflurig.

Bodenbeschaffenheit
Asphalt und Kieswege bis zur Blindenhundeschule. Rund ums Gebäude Bodenplatten mit Rillen, im Gebäude Giessharz- und Betonböden (Rampen).

Neigungen
Zwischen dem Restaurant Mühle und dem Mühlebachweiher leichte Steigung, kurz vor der Blindenhundeschule Steigung (15 % über 90 m). Im Gebäude überall Rampen mit einheitlichen Steigungen von 7 % – gute Planung des Architekten!

Signalisierung
Die Wanderwege sind nicht signalisiert, zur Orientierung Kartengroki auf Seite 83 verwenden.

Hindernisse/Zugänge
Das Gebäude der Blindenhundeschule wurde so geplant, dass es keine Hindernisse gibt. Die Glasschiebetüren (197 cm) öffnen sich elektrisch. Ins Untergeschoss mit dem Filmraum gelangt man über eine Hintertür (90 cm). Etwas gewöhnungsbedürftig sind die Bodenplatten mit ihren Rillen im Freien. Auf der Rückfahrt das Trottoir beim Fischteich schon am Anfang der Strasse benützen, sonst müssen wir nochmals alles zurückfahren.

Rollstuhlgängige WCs
Eingangshalle: Türbreite 85 cm, Sitzhöhe 47 cm, Haltegriff rechts fix, tiefer Spiegel, Lavabo unterfahrbar (85 cm). Beim Filmraum: Türbreite 82 cm, Sitzhöhe 49 cm, Haltegriffe beidseits, mobil und fest, vorhanden. Tiefer Spiegel, Lavabo unterfahrbar (91 cm).

Restaurant
Angebot der Schule: Mineralwasser und Basler Läckerli. Der Biergarten des Restaurants Mühle ist für Rollifahrer zugänglich.

Übernachtung
Beim Bahnhof befindet sich das Hotel Hilton (Tel. 061 275 66 00). Es verfügt über drei Spezialzimmer, das gesamte Hotel wurde vorbildlich ausgebaut. Weitere Hotels: www.rollihotel.ch.

Hilfestellungen
Die steile Steigung vor der Blindenhundeschule schaffen wir nur mit Hilfe.

Besonderes
Viele Räume sind in Braille beschriftet.

Fahrdienste, Taxis
IVB Behind. Selbsthilfe beider Basel
Tel. 061 426 98 00
transport@ivb.ch

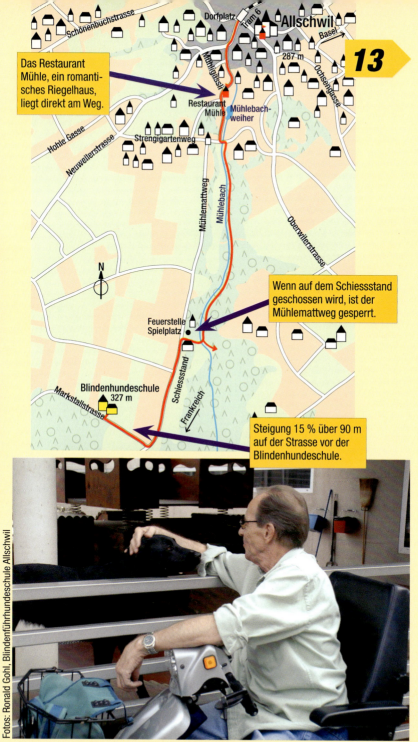

Im Ausbildungstrakt haben die späteren Blindenführhunde Gelegenheit, auf der sogenannten Welle mit den Besuchern in Kontakt zu kommen.

13 Labrador-Retriever

Der Labrador-Retriever hat sich in den letzten Jahrzehnten weltweit als die bevorzugte Rasse bewährt. In der Blindenführhundeschule Allschwil werden seit 1972 eigene Labrador-Retriever gezüchtet. Dieser robuste, sichere, selbstständige und arbeitsfreudige Hund ist zudem auch freundlich zu Menschen und anderen Tieren und hat eine hohe Lebenserwartung. In den Ahnentafeln stehen Zuchthunde aus den besten Blindenführhundeschulen der Welt.
Die Auslese der Zuchttiere richtet sich in erster Linie nach folgenden Kriterien: psychische Belastbarkeit, gesunde, kräftige Konstitution sowie Arbeits- und Zugfreude. Die psychische Belastbarkeit ist ein wichtiger Faktor in der Ausbildung, aber auch im täglichen Leben eines Hundes. Belastungen wie Lärm und Luftverschmutzung sowie eine Fülle von optischen Reizen strapazieren unsere Hunde stark. Vieles kann der Hund lernen, die Voraussetzungen für seine Lernfähigkeit müssen aber bereits vorhanden sein und laufend gefördert werden. Der Labrador gilt als besonders arbeitsfreudig. Seine stete Bereitschaft zur gemeinschaftlichen Aktion mit dem Menschen macht aus ihm einen gelehrigen Gesellen, der neugierig alle ihm gebotenen Gelegenheiten nutzt und daraus lernt.

Allschwiler Wald. Zwischen Feuerstelle und Schiessstand wechseln wir das Ufer und fahren das letzte Stück auf einer Teerstrasse. Rechter Hand sehen wir nach ungefähr einem Kilometer das moderne Gebäude auf dem Hügel. Das letzte Teilstück bis zum Eingangshof ist recht steil (15 % über 90 m).
Einzelpersonen können sich am ersten Samstag des Monats um 15.00 Uhr einer Führung anschliessen. Treffpunkt ist der Empfang. Von hier aus gehts zunächst in den Ausbildungstrakt. Beim Trockenauslauf haben wir zum ersten Mal Kontakt mit den Hunden. Damit sie am Zaun nicht hochsteigen, wurde eine Welle aus Holz gezimmert. Die Hunde dürfen gestreichelt werden. Auf unserem weiteren Rundgang sehen wir die Futterküche, die Unterbringung, den Zuchttrakt mit dem Welpengarten, wo wir nochmals Gelegenheit haben, die kleinen, süssen Hunde aus nächster Nähe zu sehen. Zum Schluss gibts noch eine Vorführung auf dem Ausbildungsparcours und einen Film.

Die Bodenplatten im Aussenbereich verfügen über Rillen. Was der kleine Hund wohl macht? Er ist aus Stein und erheitert die Besucher.

Oben: Täglich schwärmen die Hundetrainer mit ihren «Schülern» aus.
Unten: Die Besucher kommen im Welpengarten mit den kleinen Hunden in Kontakt.

Goldene Rundfahrt zwischen Wasser und Fels — 14
Pilatus

Eine über einstündige Schiffsfahrt, die steilste Zahnradbahn der Welt, ein spektakuläres Panorama und ein abenteuerlicher Drachenweg erwarten uns auf der Goldenen Rundfahrt, die uns von Luzern über Alpnachstad auf den Pilatus und mit der Luftseilbahn und Panorama-Gondelbahn über Kriens zurück nach Luzern führt. Die Goldene Rundfahrt ist komplett rollstuhlgängig.

 Der Pilatus (2132 m ü. M.), Hausberg der Luzerner, bietet in der Zentralschweiz ein 360°-Panorama.

 Ausgangspunkt unserer Rundfahrt ist der Bahnhof in Luzern (Kursbuch 3601, 473, 2516, 2517, Stadtbus Linie 1).

 Mit dem Auto fahren wir auf der A2 bis zur Ausfahrt Luzern-Kriens. Unser Ziel, die Pilatus-Bahnen, sind von hier aus beschildert. Rolliparkfelder bei der Panorama-Gondelbahn.

 Von Ende Mai bis Mitte Oktober. Von Anfang Juli bis Mitte September fährt das Dampfschiff.

 Die Goldene Rundfahrt dauert den ganzen Tag. Das Schiff verlässt Luzern um 10.15 Uhr (Fahrplan 2007).

 Zwischen der Talstation der Panorama-Gondelbahn und dem Bushalt in Kriens steil bergab, sonst eben.

 PILATUS-BAHNEN
Schlossweg 1, 6010 Kriens
Tel. 041 329 11 11
www.pilatus.ch

Den Auftakt zur Goldenen Rundfahrt bildet die Schiffsfahrt nach Alpnachstad.

Oben und unten: Mit der steilsten Zahnradbahn der Welt auf den Pilatus (2132 m ü. M.).

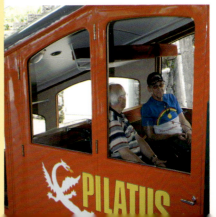

Bei der Zwischenstation Ämsigen kreuzen sich die berg- und talwärts fahrenden Triebwagen der steilsten Zahnradbahn der Welt. Das Weichensystem ist genial.

Unser Ausflugsziel

Ein Berg, drei Bergbahnen, fünf Dampfschiffe, ein See – die Goldene Rundfahrt am Luzerner Hausberg Pilatus hat viele reizvolle Seiten. So erwartet uns ein atemberaubender Rundblick auf 78 Berggipfel, und – wer weiss – vielleicht sehen wir sogar Steinböcke, Gämsen, Alpenrosen und Enziane.
Alle, die mit der Bahn anreisen, beginnen den Ausflug am Bahnhof Luzern, wo die Schifflände gleich gegenüber liegt. Wer mit dem eigenen Auto unterwegs ist, parkt dies mit Vorteil bei den Pilatus-Bahnen in Kriens. Dort ist nicht nur das Parkieren günstiger. Wenn wir müde sind, müssen wir uns auch nicht mehr zur abendlichen Stosszeit in den Bus Richtung Bahnhof zwängen.
Die Strecke vom Bahnhof bzw. von der Bushaltestelle zur Schifflände ist hindernisfrei. Die Gangway ins Schiff meistern wir mit der zuvorkommenden Hilfe des Personals. Auf dem Schiff können wir uns in der 2. Klasse frei bewegen. Alle regelmässig eingesetzten Schiffe haben ein Rolli-WC, und die historischen Raddampfer sind für Rollifahrer besonders gut zugänglich. Während der rund 90 Minuten dauernden Fahrt haben wir Gelegenheit, den Pilatus schon einmal in seiner vollen Grösse und Pracht zu bewundern. In Alpnachstad steigen wir aus und fahren die wenigen Meter zur Treppe. Haben wir uns angemeldet (Telefon siehe Seite 86) warten

Rolli-Infos

Der Drachenweg ist mittelschwer.

Öffentliche Verkehrsmittel

Mobilift am Bahnhof Luzern. Schiff, Zahnradbahn und Luftseilbahn sind problemlos mit dem Rolli befahrbar. Reservationen für Rollifahrer notwendig: Tel. 041 329 13 13. Bei der Panorama-Gondelbahn wird für schwere E-Rollis eine Rampe montiert, Handrollis werden vom Personal manuell angehoben. Im Jahr 2007 war nur jeder zweite Bus der Linie 1 rollitauglich (Anhänger oder Niederflur, Rampe zum Ausklappen). VBL Tel. 041 369 65 15.

Bodenbeschaffenheit

Trottoir, Teerstrassen und wenig Kopfsteinpflaster in Luzern, Alpnachstad und Kriens. Auf dem Pilatus verfugte Bodenplatten, Naturweg mit groben Steinen auf dem Drachenweg.

Neigungen

Das grösste Gefälle (15 % über 50 m) erwartet uns zwischen der Panorama-Gondelbahn und der Bushaltestelle «Linde» in Kriens. Auf dem Drachenweg müssen wir eine etwa 80 m lange Rampe (8 %) im Hotel Pilatus-Kulm nehmen. 10 % (bergab) erwarten uns auch vor der Plattform der Luftseilbahn. Eine Neigung von 7 % weist die Rampe zwischen Station Fräkmüntegg und dem Bergrestaurant auf. Von der Talstation bis zum Ausgang gehts nochmals 8 % bergab.

Signalisierung

Die Goldene Rundfahrt ist nicht speziell gekennzeichnet. Auf dem Pilatus sind alle Sehenswürdigkeiten gut beschildert worden.

Hindernisse/Zugänge

Die Gangway zum Schiff wird mittels manueller Unterstützung des Personals (Handrolli) oder Zusatzrampe (E-Rolli) überwunden. In Alpnachstad treffen wir auf zwei Treppenlifte und eine Hebebühne (86 x 120 cm) zur Zahnradbahn.

Rollstuhlgängige WCs

Auf der Rundfahrt gibts mehrere rollstuhlgängige WCs. Am Bahnhof Luzern (Eurokey), auf den Schiffen, in Alpnachstad, auf dem Pilatus (mehrere), auf der Fräkmüntegg sowie bei der Talstation in Kriens.

Restaurants

Das Panorama-Restaurant und Pilatusstübli sind hindernisfrei erreichbar. Die Taverne nur mit schmalem Handrolli wegen dem kleinen Lift (95 x 70 cm, Tür 68 cm).

Übernachtung

Hotel Cascada am Bundesplatz 18 in Luzern (Tel. 041 226 80 88). Zwei Spezialzimmer. Keine Rollizimmer auf dem Pilatus. Weitere Hotels im Internet unter www.rollihotel.ch.

Besonderes

Mit Scooter nicht geeignet (Treppenlift, Hebebühne und Panorama-Gondelbahn).

Fahrdienste, Taxis

LU-TIXI, Luzern
Tel. 041 240 37 37

14

Mit der steilsten Zahnradbahn der Welt fahren wir von Alpnachstad auf den Pilatus.

Bei der Fräkmüntegg lohnt sich ein kleiner Zwischenstopp, hier steigen wir auch von der Luftseilbahn in die Panorama-Gondelbahn um.

Mit dem Dampfschiff oder Motorschiff gelangen wir von Luzern über den Vierwaldstättersee nach Alpnachstad.

Auf der Fräkmüntegg steigen wir von der Luftseilbahn in die moderne Panorama-Gondelbahn um. Davor lohnt sich eine kleine Pause mit einem letzten Happen.

14 Eine Weltrekordbahn

Als Ingenieur Eduard Locher im 19. Jahrhundert die Idee hatte, eine Bahn auf den Pilatus zu bauen, hielten ihn viele für verrückt. Doch 1889 wurde die 4618 m lange Bahnstrecke eröffnet – mit 48 % Steigung die bis heute steilste Zahnradbahn der Welt. Möglich machte dies die geniale Konstruktion mit zwei horizontal drehenden Zahnrädern, die anlässlich der Weltausstellung 1889 in Paris präsentiert wurde. Die zehn Triebwagen der Pilatus-Zahnradbahn klammern sich dank ihrer horizontalen Arretierung regelrecht an der Zahnstange fest, so dass sie nicht plötzlich vom Gleis purzeln können. Dies ist bei dem steilen Trassee eine Notwendigkeit. Die Züge fahren bergwärts bis zu 12 km/h schnell und benötigen für die Strecke mit einer Höhendifferenz von 1635 m rund 30 Minuten. Dabei erbringen sie eine Leistung von 210 PS und befördern je 40 Personen. Bis 1937 wurde die Strecke mit Dampf betrieben. Der letzte Dampfzahnrad-Triebwagen steht heute im Verkehrshaus von Luzern.

hier schon zwei Mitarbeiter der Pilatus-Bahnen, die uns bei den Treppenliften helfen. Wir überqueren die Strasse und gelangen zur Talstation der steilsten Zahnradbahn der Welt, wo wir mittels einer Hebebühne das Niveau überwinden. Falls das Billett umgetauscht werden soll, ist wiederum ein Mitarbeiter der Pilatus-Bahnen zur Stelle, ein anderer hilft beim Einsteigen. Jeweils das mittlere Abteil eines Triebwagens kann mit der Doppelflügeltür vollständig aufgeklappt werden. Im Abteil finden drei Rollifahrer Platz. Oben angekommen fährt der Triebwagen in eine spezielle Station, weil dort ein ebenes Aussteigen möglich ist. Schon nach wenigen Radumdrehungen befinden wir uns auf der Plattform und geniessen die sensationelle Aussicht.
Nach einer Stärkung in einem der Restaurants begeben sich Abenteuerlustige auf den Drachenweg. Dieser führt durch Tunnel mit spektakulären Höhlenfenstern. Der Boden ist zwar etwas ruppig (Naturbelag, Kies, kleine Steine), aber auf dem zweiten Teil der Rundfahrt (Dauer ca. 20 Minuten) gelangen wir auf festeren Boden und durchqueren das Hotel Pilatus-Kulm, wo es im Korridor eine Ausstellung über die Entstehung des historischen Gebäudes gibt. Wieder draussen auf der Aussichtsplattform, nehmen wir die Luftseilbahn hinunter zur Fräkmüntegg. Dort lohnt sich ein Zwischenstopp und ein Zvieri im Berghaus. Dabei können wir die Jugendlichen auf dem Pilatus-Seilpark beobachten. Für die Talfahrt mit der Panorama-Gondelbahn benötigen wir die Hilfe des Personals. In Kriens bleibt die Fahrt hinunter zur Bushaltestelle, und mit dem Bus der Linie 1 erreichen wir in 15 Minuten wieder den Bahnhof Luzern.

Oben: Aussichtsplattform (links) und Drachenweg (rechts, nur mit Hilfe möglich).
Unten: Entlang der Esel-Felswand klettert der Triebwagen unaufhaltsam bergauf.

Mit dem historischen Raddampfer zum «Weg der Schweiz» 15
Vierwaldstättersee

Mit der «Uri», der «Schiller», der «Gallia», der «Unterwalden» und der «Stadt Luzern» wird auf dem Vierwaldstättersee eine ganze Flotte von historischen Raddampfern eingesetzt, die zum Teil über 100 Jahre alt ist. Im Gegensatz zu alten Eisenbahnen geben sich die Dampfer zeitgemäss und erfüllen alle Auflagen eines rollstuhlgängigen Verkehrsmittels.

Unser Ausflug führt mit dem Schiff von Luzern über den Vierwaldstättersee (436 m ü. M.) nach Flüelen.

Vom Eisenbahnknotenpunkt Luzern fahren wir mit dem ersten Raddampfer (Abfahrt 9.21 Uhr/Stand 2007) in knapp drei Stunden nach Flüelen (Kursbuch 3600).

Das Dampfschiff nähert sich langsam der Anlegestelle in Bauen.

Am Bahnhof Luzern gibts ein Parkhaus, allerdings ist es sehr teuer. Aus diesem Grund wird die Anreise mit dem öffentlichen Verkehrsmittel empfohlen.

Die Raddampfer verkehren täglich von Ende Mai bis Mitte September. Frühling und Herbst nur sonntags.

Im Reussdelta führt der Weg zum «Strand» und über kühne Brückenkonstruktionen.

Die Wanderung von Flüelen nach Isleten dauert 2 h 30 min, von Isleten nach Bauen nochmals 1 h.

Ebener, rollstuhlgängiger Weg. Dazwischen kleinere Höhenunterschiede von wenigen Metern.

SGV, Werftestrasse 5
6005 Luzern
Tel. 041 367 67 67
www.lakelucerne.ch

Die fünf Schiffe der Dampferflotte sind alle vorbildlich rollstuhlgängig. Vom Hauptdeck aus geniessen wir den Ausblick auf den Urnersee.

Unser Ausflugsziel

Eine Schifffahrt ist bekanntlich lustig, heisst es im Volksmund – eine Schifffahrt auf dem Vierwaldstättersee ist nicht nur lustig, sie bleibt einem auch unvergesslich in Erinnerung, besonders wenn man diese mit einem der fünf Raddampfer unternimmt.
Unser Ausflug beginnt am See in Luzern, wo wir in den ersten Dampferkurs steigen, welcher die Stadt kurz vor halb zehn Uhr verlässt. Wir sollten uns aber vorher telefonisch oder im Internet erkundigen, ob das Dampfschiff fährt. Die Reise über den ganzen See bis nach Flüelen dauert fast drei Stunden.
Unsere Rolliwanderung beginnt an der Schifflände von Flüelen. Wir folgen dem Wegweiser «Weg der Schweiz» in Richtung Industriequartier und fahren auf dem Trottoir. Beim Schützenhaus zweigen wir rechts von der Strasse ab, kommen am Sportplatz vorbei und lassen die Industriebetriebe hinter uns. Eine kleine Steigung bringt uns auf einen Damm, dem wir bis zur Holzbrücke über einen renaturierten Bach folgen. Der Kiesweg ist an seiner schmalsten Stelle 90 Zentimeter breit. Nach der Brücke biegen wir rechts ab und fahren hinunter zum See, wo es mehrere Feuerstellen gibt. Der wunderschöne Weg führt nun durchs Naturschutzgebiet mit Schilf und Brackwasser. Nach der grossen Reussbrücke (Rampe 10 %) halten wir uns erneut rechts und gelangen wieder ans Ufer

Rolli-Infos

Öffentliche Verkehrsmittel
Vom Bahnhof Luzern (Mobilift) gelangen wir über den Bahnhofplatz direkt zur Schifflände. Alle fünf historischen Raddampfer sind auf dem Hauptdeck rollstuhlgängig und können rundum befahren werden. Die grossen Motorschiffe «Europa», «Gotthard», «Winkelried», «Waldstätter» und «Schwyz» sind auf dem Hauptdeck aussen ebenfalls gut rollstuhlgängig. Die Motorschiffe «Weggis», «Brunnen» und «Flüelen» sind vorne nicht befahrbar, aufs Achterdeck (hinten) gelangt man zum Teil durchs Restaurant.

Bodenbeschaffenheit
Im Reussdelta zwischen Flüelen und Seedorf gestampfte Naturwege oder Kieswege (dem See entlang teilweise grobkörnig), zwischen Seedorf und Isleten Trottoir, Verbundstein und gut befahrbarer, gestampfter Wanderweg. Von Isleten bis Bauen häufig gröberer Kies, insbesondere in den alten Tunnel.

Neigungen
Die Steigungen sind meist kurz, z. B. 10 % über 50 m vor der Reussbrücke. Einen längeren Steigungsabschnitt gibts vor dem Bolzbach (7 % über 150 m). Zwischen Isleten und Bauen wirds etwas kniffliger; Steigung 22 % über 10 m vor dem Cholrütitunnel. Eine kurze, aber steile Abfahrt erwartet uns nach dem Harderbandtunnel (Gefälle 24 % über 30 m).

Signalisierung
Zwischen Flüelen und Isleten Rolli-Piktos bei den Wegweisern.

Hindernisse/Zugänge
Auf dem Trottoir zwischen Seedorf und Bolzbach ist das Kreuzen mit einem anderen Rollifahrer schwierig. Es gibt jedoch einige Ausweichstellen. Die Tunnel sind dunkel, die Abfahrt nach dem Cholrütitunnel braucht etwas Mut.

Rollstuhlgängige WCs
Badi Reussdelta: Türbreite 90 cm, Sitzhöhe 41 cm, Haltegriff rechts fest montiert. Lavabo (80 cm) unterfahrbar, Klappspiegel. Weitere Rolli-WCs im Restaurant Seedorf und beim Parkplatz in Bauen sowie auf allen Schiffen (ausser «Pilatus», «Rütli», «Reuss» und «Mythen»).

Restaurant
Restaurant in Seedorf mit schöner Liegewiese.

Übernachtung
Das Hotel Gerbi, Tel. 041 392 22 24, in Weggis verfügt über sieben Spezialzimmer.

Hilfestellungen
Wanderung mit kräftiger Begleitperson, Swiss-Trac, Elektrorolli oder Scooter empfohlen.

Besonderes
Viele schöne Ruhebänke für Begleitpersonen, mehrere Feuerstellen.

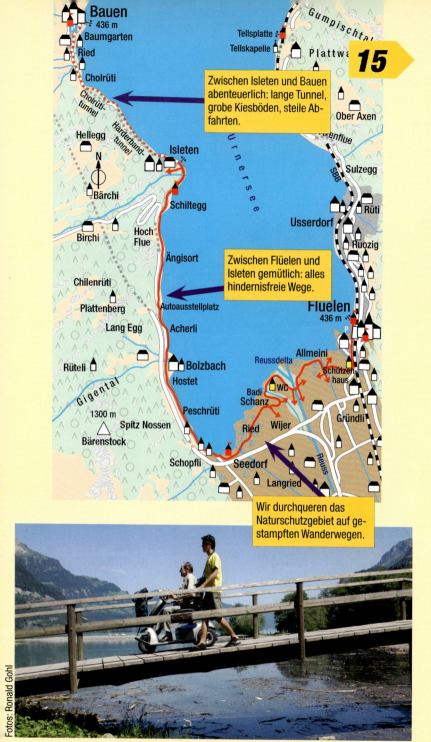

Dieser Holzsteg über einen Kanal im Reussdelta weist eine Steigung und ein Gefälle von 9 % auf und ist trotz dem Knick auf dem Scheitelpunkt problemlos befahrbar.

Dampferflotte

Der Vierwaldstättersee mit seinen fünf historischen Raddampfern und den abwechslungsreichen Buchten ist in der Schweiz einmalig. Der See ist so gross, dass die Fahrt von Luzern nach Flüelen und wieder zurück rund sechs Stunden dauert. Dabei haben wir Gelegenheit, das einmalige, nostalgische Gefühl auf dem Raddampfer zu erleben und im Zeitalter von Internet noch so etwas wie die urigen Kräfte eines Schaufelrades, das Tuten eines Horns oder das Schnaufen der Maschinen zu erleben. Der älteste der fünf Raddampfer ist die «Uri» mit Baujahr 1901, sie gilt gleichzeitig als ältestes Dampfschiff der Schweiz und wurde bei den Gebrüdern Sulzer in Winterthur erbaut. Geradezu eine junge Dame ist im Vergleich die «Stadt Luzern», welche als letzter Schweizer Raddampfer 1928 ihren Stapellauf erlebte.

Die «Stadt Luzern», erbaut 1928, ist das Flaggschiff der Dampferflotte.

des Urnersees. Nach dem Holzbrunnen zweigen wir zum dritten Mal rechts ab und gelangen nach einer weiteren Holzbrücke zur Badi. Wir folgen bei Schanz dem Wegweiser durchs Ried. Im Frühjahr und Herbst machen hier Zugvögel auf ihrem Flug über die Alpen Station. Im Seedorf können wir uns im Restaurant erfrischen (Rampe 14 % über 5 m), fahren durch den Park und gelangen nach dem Bächlein hinauf zur Strasse. Von hier aus folgen wir ein längeres Stück dem Trottoir. Das erste Mal, wo der Wanderweg zum See hinunter abzweigt, bleiben wir auf dem Trottoir. Es folgt eine kleine Steigung und eine Abfahrt zum Bootshafen von Bolzbach. Anschliessend verlassen wir die Strasse und gehen auf einem Fussweg mit Verbundsteinen. Nach ca. 1,5 Kilometer zurück zur Strasse hinauf (Steigung 10 %), und nach dem Autoausstellplatz können wir den Wanderweg (100 cm) am See benutzen. Er führt weiter nördlich der Felswand entlang, durch einen Tunnel und dann wieder auf dem Trottoir bis zur Schiffsanlegestelle in Isleten. Abenteuerlustige fahren weiter durch viele Tunnel bis Bauen, alle anderen nehmen das Schiff zurück nach Luzern.

Oben: Bei Peschrüti geniessen wir den umfassenden Blick auf den Urnersee.
Unten: Kurz vor Isleten wirds spannend – wir durchqueren einen dunklen Tunnel.

Panoramaausflug mit Erlebniswanderung 16
Sattel-Hochstuckli

Das Familienausflugsziel Sattel-Hochstuckli im Kanton Schwyz lockt nicht nur kleine Knöpfe an, die sich in der riesigen Hüpfburg vom Mostelberg austoben wollen. Die neue Gondelbahn «Stuckli-Rondo» wurde komplett rollstuhlgängig konstruiert. Sie gewährt einen barrierefreien Zutritt und dreht sich während der Fahrt zweimal um die eigene Achse.

 Das Ausflugsziel Hochstuckli liegt auf 1191 m ü. M. hoch über dem Dorf Sattel und dem Ägerisee.

 Zwischen Schwyz und Sattel verkehren teilweise Niederflurbusse. Jene von Zug sind hochflurig.

 Auf der A3 Zürich–Chur bis Ausfahrt Wollerau, von dort über Biberbrugg nach Sattel. Oder via A4 Zug–Brunnen bis Ausfahrt Arth, weiter über Steinerberg.

 Die Gondelbahn «Stuckli-Rondo» fährt täglich von Ende April bis Ende Oktober ab 8.45 bis 17.30 Uhr.

 Der Rundweg inkl. Pausen dauert rund 2 h 30 min (Zvierihalt in einem Bergbeizli eingeschlossen).

 Es gilt mehrere steile und z. T. auch längere Steigungen (bis 1,3 km) zu bewältigen.

 Sattel-Hochstuckli AG
Postfach 36, 6417 Sattel
Tel. 041 836 80 88
www.sattel-hochstuckli.ch

Oben: Stufenlos fahren wir bei der Tal- und Bergstation in die Gondel ein.

Oben: Spielplatz mit Hüpfburgen für Kinder. Unten: Begegnungen am Wegrand.

Besonders farbenfroh ist der Ausflug im Herbst, wenn die Sicht auf den Ägerisee klar ist und die Wälder am Hochstuckli sich gelb und rot verfärben.

Unser Ausflugsziel

Sich für einmal zurücklehnen, sich wie ein König fühlen und das Panorama geniessen, das zweimal im 360-Grad-Winkel an uns vorbeizieht. Schon die Fahrt mit der «Stuckli-Rondo», der neuen Gondelbahn am Schwyzer Hochstuckli, ist ein Erlebnis für sich! Vom grossen Parkplatz mit zwei Rolliparkfeldern oder von der Bushaltestelle gleich gegenüber der Talstation fahren wir über den grobkörnigen Kies. Möglicherweise wird ein Weg hier demnächst asphaltiert, damit es für Rollifahrer weniger mühsam ist. Bei der Kasse (Höhe 103 cm) kaufen wir unser Ticket und rollen hinterher stufenlos durch die Spezialtür in die Gondel, welche zum Einsteigen stark verlangsamt wird. Die Türen der Kabinen schliessen automatisch. Oben angekommen wenden wir uns beim «Stuckli-Jump», der Abenteuerhüpfburg, nach rechts und fahren am Bergrestaurant Mostelberg vorbei zu einem Bauernhof. Zunächst bewegen wir uns auf Asphalt, über das Gefälle (17 % über 50 m), am Bauernhof vorbei bis hinunter zum Wegweiser. Hier fahren wir links auf dem kürzeren Rundweg hinüber zum Waldrand. Der an seiner schmalsten Stelle 110 Zentimeter breite Weg führt auf und ab (12–17 % über 10–30 m). Der Kies erschwert die Fahrt. Eine Begleitperson ist von Vorteil. Am Waldrand erreichen wir den ersten Erlebnisposten «Moor». Zur Infotafel hinunter gibts ein Gefälle

Rolli-Infos

Ohne Wanderung leichter Ausflug!

Öffentliche Verkehrsmittel
In der Regel verkehren zwischen dem Bahnhof Schwyz (Mobilift) und Sattel Niederflurbusse. Man sollte sich jedoch vorher telefonisch erkundigen (Tel. 041 811 21 66). Der Bus hält wenige Meter von der Talstation der Gondelbahn entfernt.

Bodenbeschaffenheit
Von der Teerstrasse über gestampfte Wanderwege bis zum groben Kiesuntergrund mit kleineren Steinen treffen wir am Hochstuckli auf die gesamte Bodenpalette.

Neigungen
Rampe zum Bergrestaurant Steigung 17 % über 5 m. Auf dem Erlebnisweg Steigung 19 % über 20 m und Gefälle 23 % über 30 m. Der Abstecher zur Mostelegg (fakultativ) weist eine Steigung von 11 bis 14 % über 1300 m auf.

Signalisierung
Die Routen sind mit den gelben Wanderwegweisern markiert.

Hindernisse/Zugänge
Zwischen Parkplatz/Bushaltestelle und Talstation gilt es einen gröberen Kiesboden mit bis zu 10 % Steigung zu überwinden (nur mit Hilfe oder elektrischem Antrieb möglich). Die Gondelbahn (Türbreite 77 cm und nutzbare Länge 138 cm) ist stufenlos befahrbar. Anstelle der Drehkreuze gibts für Rollifahrer eine Klapptür von 77 cm Breite. Der grosse Rundweg mit mehreren Steigungen von bis zu 23 % über 70 m und Querneigungen von bis zu 12,5 % über 30 m ist nur von erfahrenen «Swiss-Traclern» machbar.

Rollstuhlgängige WCs
Rolli-WCs gibts bei der Tal- und Bergstation sowie im Gasthaus Herrenboden, z. B. Bergstation «Stuckli-Rondo»: Türbreite aussen 85 cm, innen 89 cm, Sitzhöhe 47 cm, 2 Haltegriffe vorhanden, links fest montiert, rechts beweglich, Lavabo unterfahrbar (95 cm), hoher Spiegel, Duschmöglichkeit.

Restaurant
Terrassen und Gaststuben der Restaurants Mostelberg, Herrenboden sowie Engelstock (kein Rolli-WC) sind befahrbar.

Übernachtung
SJBZ in Einsiedeln, Detailinformationen auf Seite 110. Weitere Hotels im Internet unter www.rollihotel.ch.

Hilfestellungen
Das Personal der «Stuckli-Rondo» und auch die Wirte in den Gasthäusern sind sehr hilfsbereit.

Besonderes
Die Rundwanderung ist mit dem Handrolli anstrengend. Handbike oder Swiss-Trac empfehlenswert. Bei Elektrorolli die Dimensionen der Gondelbahn beachten.

Fahrdienste, Taxis
Taxi-Zentrale Brunnen/Schwyz
Tel. 041 822 05 50
ingo.muheim@bluewin.ch

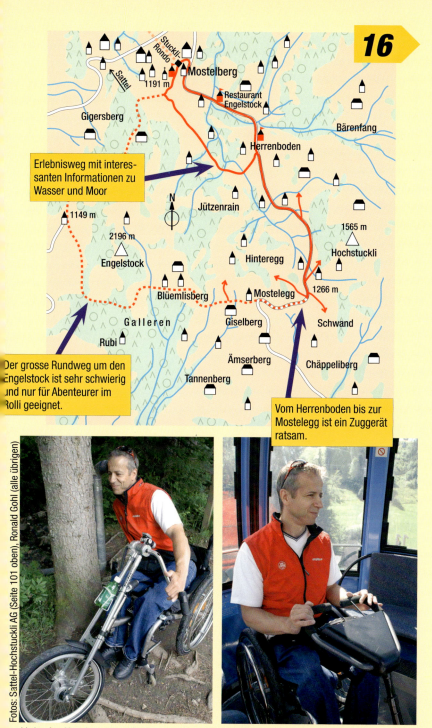

Links: Am Horchposten erfahren wir mehr über die Klänge eines Bergbaches.
Rechts: Swiss-Trac oder Handbike finden samt Rolli in der Gondelbahn Platz.

16 Innovationen am Berg

Als 1950 der Sessellift Sattel–Mostelberg eröffnet wurde, galten die kuppelbaren Sesseln von Ing. Gerhard Müller als Weltneuheit. Eine Superrutschbahn sollte 1977 erbaut werden, scheiterte aber an dem Widerstand aus Landschaftsschutzkreisen. Mit dem Ersatz der über 50-jährigen Sesselbahn initiierten die Bahnbetreiber erneut eine Weltsensation – mit der «Stuckli-Rondo», der ersten Drehgondelbahn der Welt, macht die Gesellschaft im Sommer 2005 einen tüchtigen Schritt in die Zukunft. Während der Fahrt dreht sich die komfortable Acht-Personen-Gondel zweimal um die eigene Achse. Die sieben Millionen teure Anlage wurde von der weltgrössten Seilbahnfirma Garaventa konstruiert, die sich in Goldau, praktisch vor der Haustür des Hochstuckli, befindet. Durch die Schaffung und Integration von weiteren Sommer-Zusatzangeboten wie Stuckli-Jump, Erlebnispfad Engelstock, Roller-Park Sattel konnte die einseitige Winterabhängigkeit markant reduziert werden. Heute stammen die Erträge je zur Hälfte aus dem Winter- und aus dem Sommergeschäft. Der Roller-Park Sattel hält übrigens auch einen Rekord: Mit einer Fläche von 7000 Quadratmetern darf er sich als grösster Openair-Skaterpark Europas bezeichnen!

von 25 % über 5 Meter, dieser Abstecher ist jedoch fakultativ. Gleich nach dem «Moor» durchqueren wir eine Senke, durch die auch ein Bächlein fliesst, 19 % bergab und bergauf über je 15 Meter. Nach dem Bächlein könnten wir rechts hinauf zu einer Feuerstelle fahren (Steigung 20 % über 30 m). Wer auf dem Weg noch ein Stück weiterfährt, erreicht beim Erlebnisposten «Wasser» eine weitere Feuerstelle, die direkt am Weg liegt. Kurz vor dem Herrenboden erleben wir nochmals eine Steigung (17 % über 50 m). Wir entscheiden, ob wir den Abstecher hinauf zur Mostelegg (76 m Höhenunterschied) unternehmen. Von hier aus fahren wir nur noch auf Asphalt. Auf dem gleichen Weg gehts zurück zum Herrenboden. Dort können wir uns im gleichnamigen Restaurant oder weiter unten im «Engelstock» verpflegen. Zum Schluss wartet noch eine längere Steigung (12 % über 500 m) auf uns. Sie führt an der Sommerrodelbahn vorbei bis zur Bergstation, wo wir mit der «Stuckli-Rondo» wieder zurück ins Tal schweben.

Verdursten muss niemand: Alle Restaurants sind rollstuhlgängig.

Oben: Ansporn für die «Muckis» von Handbike-Fahrern kurz vor der Mostelegg-Höhe.
Unten: Auf der Mostelegg angekommen, geniessen wir den Blick zu den Mythen.

Auf und ab im Schwyzer Klosterdorf 17
Einsiedeln

Einsiedeln mit seinem berühmten Barockkloster, den im Sommer betriebenen Skischanzen und dem zauberhaften Sihlsee ist auch für Rollifahrer gut zugänglich. Das nebelfreie Hochplateau auf fast 1000 m ü. M. bietet Ruhe und Entspannung. Im komplett rollstuhlgängigen Jugend- und Bildungszentrum (SJBZ) kann man sich vom Alltag in herrlicher Ferienatmosphäre erholen.

 Einsiedeln (900 m ü. M.) liegt auf einem Plateau zwischen Rothenthurmer Hochmoor und Sihlsee.

 Einsiedeln erreichen wir von Wädenswil (Anschluss an die S8) mit dem Regionalzug der Südostbahn (Kursbuch 672).

 Auf der A3 Zürich–Chur bis Ausfahrt Wollerau, von dort über Schindellegi und Biberbrugg nach Einsiedeln. Parkplätze beim SJBZ (Gäste).

 Der Rundweg in Einsiedeln ist von ca. Mitte April bis Ende Oktober möglich. Das Kloster ist immer geöffnet.

 Unser Rundweg dauert, wenn wir es gemütlich nehmen, rund 2 h 30 min.

 Zwischen dem Bahnhof und dem SJBZ werden 38 Höhenmeter überwunden. Steigungen bis 10 %.

 Schweizer Jugend- und Bildungszentrum (SJBZ)
Lincolnweg 23
8840 Einsiedeln
Tel. 055 418 88 88
www.sjbz.ch

Von der Birchlistrasse blicken wir auf die Weide mit den edlen Klosterpferden.

Oben: Kiesweg durch den Marstall-Hof.
Unten: Umfahrung via Klostergarten.

Benediktinerkloster Einsiedeln: Die Anlage wurde in der Barockzeit nach Plänen des Laienbruders Caspar Moosbrugger (1656–1723) aus dem Vorarlberg errichtet.

Unser Ausflugsziel

Einsiedeln gilt als Ort der Kraft: Sei das nun wegen dem Wallfahrtsort mit dem barocken Kloster oder wegen der nebelfreien, alpinen Lage, die Aktivität, Ruhe und Entspannung gleichzeitig verspricht. Gönnen wir doch unserem körperlichen und geistigen Gleichgewicht eine kurze Auszeit vom Alltag. Die Übernachtung im komplett rolligerecht ausgebauten SJBZ drängt sich geradezu auf. Bei Anreise mit dem Auto: Speziell gekennzeichnete Rolli-Parkfelder gibts zwar nicht, der Parkplatz ist aber genügend gross. Wer mit der Bahn anreist, kann das Rollstuhl-Taxi der Spitex in Anspruch nehmen, um zum SJBZ auf dem Lincoln-Plateau zu gelangen.
Ein Einheimischer mit dem Namen Steinauer hatte einst unter dem amerikanischen Präsidenten Abraham Lincoln gedient. Nach seiner Rückkehr hat er sich ein Haus gebaut und dies nach dem Präsidenten benannt. Heute steht an dieser Stelle das Restaurant Lincoln. Darum heisst der Weg, der zum SJBZ führt, Lincolnweg. Das gesamte Gebäude ist rollstuhlgängig, das beginnt schon bei der Eingangstür. Die Réception ist vom Parkplatz aus stufenlos zugänglich. Zwei Glasschiebetüren von 110 Zentimeter Breite bieten freie Fahrt. Der Empfangsschalter ist zwar mit 105 Zentimeter noch etwas hoch, ein zweites Tablar auf Höhe des Rollifahrers

Rolli-Infos

Öffentliche Verkehrsmittel
Mobilift am Bahnhof Wädenswil und Einsiedeln für die Züge der SOB. Aus dem Kopfbahnhof kann man ebenerdig hinaus auf die Strasse rollen.

Bodenbeschaffenheit
Im Bereich des Klosters sowie auf den Dorfstrassen teilweise Kopfsteinpflaster. Auf den übrigen Strassen Hartbelag. Im Marstallhof sowie im Klosterpark Kieswege.

Neigungen
Das steilste Strassenstück liegt zwischen dem Abteihof und dem unteren Klosterplatz (Neigung 18 % über 70 m). Dieses kann jedoch umfahren werden. Die Eisenbahnstrasse weist eine Steigung von 10 % über ca. 150 m auf. Vor der Klostertür gilt es nochmals wenige Meter mit 10 % zu überwinden. Rampe zur Schalterhalle am Bahnhof: 18 % über 7 m.

Signalisierung
Es gibt keine Rolli-Wegweiser.

Hindernisse/Zugänge
Auf der Eisenbahnstrasse sind die Trottoirkanten nicht überall gut abgesenkt worden. Die improvisierte Holzrampe zum Diorama weist eine Steigung von 35 % über 0,5 m auf und kann mit einem Elektrorolli kaum überwunden werden. Die schwere Klostertüre lässt sich nur mit Hilfe öffnen. Diese ist bei den vielen Besuchern jedoch meist rasch zur Stelle. Wer in die Krypta hinunter will, muss eine Türschwelle von 10 cm Höhe überwinden. Der Lift im SJBZ weist eine Grösse von 123 x 111 cm auf, Tür 81 cm, Bedienungspanel auf einer Höhe von 123 cm.

Rollstuhlgängige WCs
Auf unserer Tour finden wir gleich mehrere Rolli-WCs. Am Bahnhof gibts zwar keines, dafür im Migrosmarkt, im Klosterpark sowie beim Friedhof (beide sind kostenpflichtig, Kleingeld bereit halten). Das SJBZ weist gar 3 Rolli-WCs auf. Zum Beispiel beim Empfang: Türbreite 80 cm, Sitzhöhe 50 cm, 2 mobile Haltegriffe vorhanden, Lavabo unterfahrbar (77 cm), klappbarer Spiegel.

Restaurant
Das SJBZ bietet keine Mahlzeiten für Tagesausflügler. Das Selbstbedienungsrestaurant im Migrosmarkt ist gut eingerichtet.

Übernachtung
SJBZ, siehe Seite 110.

Hilfestellungen
Wer im Handrolli unterwegs ist, benötigt eine Begleitperson.

Besonderes
In der Klosterkirche gibts einen Treppenlift in die Krypta hinunter.

Fahrdienste, Taxis
Rollstuhl-Taxi Spitex Region Einsiedeln
Tel. 055 418 28 78
zentrale@spitexeinsiedeln.ch

17

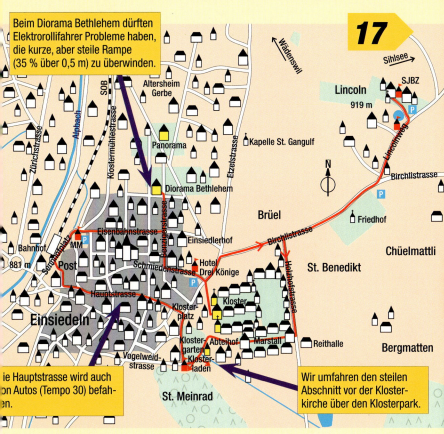

Beim Diorama Bethlehem dürften Elektrorollifahrer Probleme haben, die kurze, aber steile Rampe (35 % über 0,5 m) zu überwinden.

Die Hauptstrasse wird auch von Autos (Tempo 30) befahren.

Wir umfahren den steilen Abschnitt vor der Klosterkirche über den Klosterpark.

Links: Tägliches Salve Regina in der prächtigen barocken Klosterkirche Einsiedeln.
Rechts: Die Abschnitte auf Kieswegen sind nur kurz, z. B. im Klosterpark.

Fotos: Ronald Gohl, Einsiedeln-Tourismus

17

ermöglicht jedoch problemlos das Ausfüllen des Anmeldeformulars. Die Zimmer sind schnell bezogen, die Aussicht ist grandios. Somit können wir uns zunächst von der Reise erholen und am nächsten Tag Einsiedeln erkunden. Wir fahren den Lincolnweg (Gefälle 8 %) zur Birchlistrasse hinunter. Diese überqueren wir auf dem Zebrastreifen. Der Friedhofsparkplatz gleich gegenüber bietet zwei Rolli-Parkfelder sowie ein kostenpflichtiges Rolli-WC. Wir fahren nun auf dem Trottoir an einer Pferdeweide vorbei zur Klostermauer. Hier biegen wir links in die Holzhofstrasse ein und folgen der Klostermauer bis zum grossen Tor in den Innenhof des Marstalls. Mit etwas Glück sehen wir unterwegs die Pferde aus dem klösterlichen Gestüt. Durch das offene Tor, der Durchgang ist mit Kopfsteinpflaster ausgelegt, erreichen wir den lang gestreckten Innenhof. Wir fahren über den Kiesweg hinunter zum zweiten Durchgang, der in den Abteihof führt. Hier wird das Kopfsteinpflaster etwas uneben. Hinunter zum Klosterplatz würde es mit einer Neigung von 18 % über 70 Meter zu steil. Deshalb zweigen wir links ab und fahren durch den Klosterpark, wo wir nochmals Gelegenheit haben, einige Pferde zu beobachten – oder im gut zugänglichen Klosterladen ein Andenken zu kaufen. Unten angekommen biegen wir zum Speiserestaurant Klostergarten ab, danach gleich rechts und durch die Gasse zum Klosterplatz. Über die Hauptstrasse, die mit Kopfsteinpflaster ausgelegt ist, gelangen wir hinunter zum Bahnhof. Hier fahren auch Autos (Tempo 30). Am Sennhofplatz sehen wir schon den Migrosmarkt (Selbstbedienungsrestaurant und Rolli-WC), und gleich dahinter biegen wir in die Eisenbahnstrasse ein, die stetig bergauf führt. Nach etwa 100 Metern zweigen wir links in die Benzigerstrasse ab und statten dem Diorama Bethlehem einen Besuch ab. Dieses zeigt mit einigen hundert Figuren die Geburt Jesu Christi. Dazu gibt es Musik und erklärende Worte vom Tonband. Wir fahren auf dem gleichen Weg zurück, queren die Eisenbahnstrasse und zweigen beim Hotel Drei Könige in die Schmiedenstrasse ein. Nach der letzten Anstrengung (10 % Steigung) stehen wir oben auf dem Klosterplatz (Kopfsteinpflaster) und freuen uns auf den Besuch der Klosterkirche, die ebenfalls rollstuhlgängig ist. Es bleibt der praktisch ebene Rückweg über die Birchlistrasse zum SJBZ, wo kurz vor dem Haus die bekannte Steigung von 8 % auf der Lincolnstrasse noch bewältigt werden muss.

Nach dem Marstallhof erreichen wir den Abteihof mit der prächtigen Klosterverwaltung.

Schweizer Jugend- und Bildungszentrum

Die einzigartige Lage des Schweizer Jugend- und Bildungszentrums zwischen Kloster Einsiedeln und Sihlsee, die Ruhe und die Schönheit der Natur bilden die Basis für Erholung und Bildung in freier Ferienatmosphäre – für Jugendliche und Erwachsene, Senioren, Familien und behinderte Menschen. Moderne, mit Wireless Lan ausgerüstete Seminarräume stehen für individuell organisierte Tagungen und Kurse zur Verfügung.

Das komplette Haus ist rollstuhlgängig. 30 Spezialzimmer auf drei Stockwerken stehen zur Verfügung, die Einzelzimmer haben sogar elektrisch verstellbare Betten, und die Privat-WCs, natürlich für Rollifahrer komplett ausgerüstet, verfügen über grosse Schiebetüren.

Von der Dachterrasse, die ebenfalls mit dem Rolli zugänglich ist, hat man einen herrlichen Rundblick von den Sommerskischanzen über das Kloster bis zum Sihlsee.

Das SJBZ bietet kein öffentliches Restaurant an. Gruppen können sich jedoch voranmelden, dann wird je nach Wunsch gekocht oder Kaffee mit Kuchen zubereitet. In den Jugendhäusern können auch Kindergruppen mit Mobilitätsbehinderungen logieren. Es gibt ein separates Rolli-WC mit Dusche und drei Etagen sind mit einem Treppenlift zugänglich.

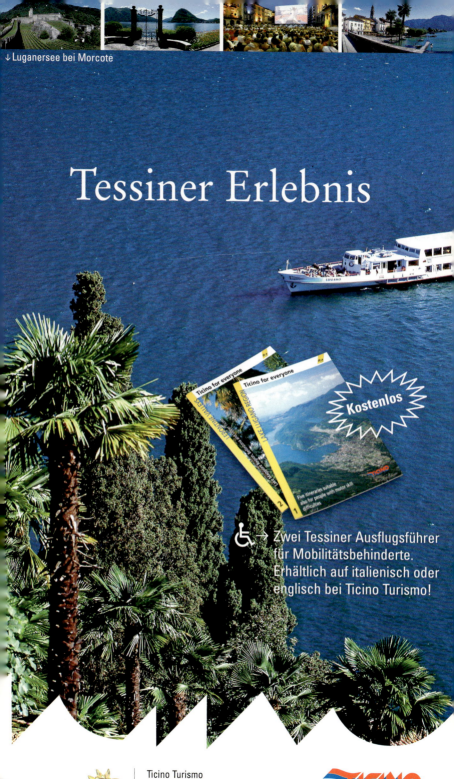

Kleine Welt ganz gross – die Schweiz im Massstab 1:25

Swissminiatur

18

Inmitten einer wunderschönen, südländischen Landschaft liegt in der Nähe von Lugano der Freizeitpark Swissminiatur – eine Erlebniswelt, die schon unsere Eltern und Grosseltern gekannt haben. Und der Besuch der kleinen Schweizer Welt fasziniert noch immer. Hier können wir in einem topfebenen Gelände die wichtigsten Sehenswürdigkeiten der Schweiz bestaunen.

Die Swissminiatur (274 m ü. M.) liegt in Melide direkt am Damm über dem Luganersee.

Vom Bahnhof Lugano mit der Standseilbahn in die Stadt, weiter zum Hafen und mit dem Schiff nach Melide (Kursbuch 600, 3606).

Auf der A2 Gotthard–Chiasso bis Ausfahrt Melide-Bissone. 4 Rolliparkplätze vor dem Eingang in die Swissminiatur.

Von Mitte März bis Ende Oktober täglich von 9.00 bis 18.00 Uhr.

Für den Rundgang mit 127 Gebäuden, 1550 verschiedenen Pflanzen und vielem mehr benötigen wir rund zwei Stunden.

14 000 m² grosser, ebener Park. Die Modellbahn muss mittels kleiner Brücken überquert werden.

Swissminiatur
6815 Melide
Tel. 091 640 10 60
www.swissminiatur.ch

Kleine rote Züge gehören genauso zur Schweiz wie moderne Autobahnen.

Unten: Typische Schweizer Altstadt mit stolzen Patrizierhäusern.

Mit viel Liebe zum Detail wurden die Modelle und Plätze erbaut: Brunnen fehlen genauso wenig wie Autos, Spaziergänger und Märkte.

Unser Ausflugsziel

Als die Swissminiatur im Jahre 1959 eröffnet wurde, stellten sich die Betreiber das Ziel, die wichtigsten Sehenswürdigkeiten der Schweiz auf einer Fläche von 14 000 Quadratmetern nachzubauen. Dies ist ihnen auch zweifellos gelungen. In einem Massstab von 1:25 konnten inzwischen über 120 Modelle von Patrizierhäusern, Burgen, Domkirchen und anderen Gebäuden erstellt werden. Das Bundeshaus fehlt genauso wenig wie der Flugplatz Zürich-Kloten. Die Modelle sind so echt, dass man sie, auf einem Foto betrachtet, kaum vom Original unterscheiden kann. Dazu gibt es 3500 Meter Schienen mit Brücken und Tunneln – von den SBB bis zur Jungfraubahn ist alles da. Mehr als 18 Zugskompositionen, Standseilbahnen und Zahnradbahnen verkehren vollautomatisch. Aber auch viele Details wie Marktszenen, Schiffe und Seilbahnen erwecken die märchenhafte Szenerie zum Leben. Die Perfektion geht bis zu den 15 000 Blumen, welche dem Park Farbe schenken. Es gelingt uns kaum, in einem Tag alle Einzelheiten in der Swissminiatur zu entdecken. Aus diesem Grund fasziniert dieses Freizeitziel ganze Generationen, welche immer wiederkommen.
Am einfachsten erreichen wir den Park mit dem Auto. Der Rolliparkplatz befindet sich gleich gegenüber dem Eingang. Ein kleiner Strassenabsatz von 5 Zentimetern muss nur überwunden werden,

Rolli-Infos

Öffentliche Verkehrsmittel
Mit Bahn oder Bus nicht möglich. Wir nehmen das Schiff in Lugano. Dazu müssen wir aber erst die Standseilbahn vom Bahnhof in die Stadt hinunter benützen. Es folgt eine Fahrt hinunter zum Hafen. Die Matrosen sind beim Ein- und Aussteigen behilflich. Von der Lände in Melide führt ein ebener Weg dem Ufer entlang zur Swissminiatur.

Bodenbeschaffenheit
Kopfsteinpflaster und Asphalt in Lugano. Feinsandiger Kiesweg zwischen Lände und Swissminiatur in Melide. Gut befahrbare Bodenplatten und geteerte Wege in der Swissminiatur.

Steigungen/Neigungen
Rampe (Neigung 15 % über 30 m) beim Bahnhof Lugano (nur Gleis 2 und 3). Max. Neigung 18 % über 50 m zwischen Piazza Cioccaro und der Lände (Debarcadero Centrale). Die kleinen Brücken in der Swissminiatur weisen eine Neigung von 9 % auf.

Signalisierung
Den Wegweisern «Swissminiatur» zwischen Lände und Parkeingang in Melide folgen.

Hindernisse/Zugänge
Die unterste Plattform der Standseilbahn ist rollstuhlgängig (Türbreite 114 cm). Niveau wird zwischen Bahnhof und Standseilbahn mit zwei Treppenliften überwunden. Mittels einer Gangway gelangen wir ins Schiff (Hilfe notwendig). In der Swissminiatur benutzen wir die Schiebetür (87 cm) rechts vom Haupteingang. Bei der Kasse anmelden, die Tür wird dann geöffnet. Im Park muss einmal das Gleis der Kinderbahn überquert werden (Schrägabsatz, 5 cm hoch). Das Gleis der kleineren Modellbahn überqueren wir mittels Brücken.

Rollstuhlgängiges WC
WC hinter dem Souvenirshop: Türbreite 90 cm aussen, 80 cm innen, Sitzhöhe 40 cm, 2 Haltegriffe vorhanden, fix und mobil, Lavabo unterfahrbar (80 cm).

Restaurant
Das Selbstbedienungsrestaurant erreichen wir durch die offene Glastür, kleiner Schrägabsatz muss überwunden werden (Theke 80 cm hoch, Korridor bei Buffet 65 cm).

Übernachtung
Aparthotel Parco Maraini, Lugano (Tel. 091 910 33 11), mit 24 Spezialzimmern für Rolligäste.

Hilfestellungen
Ein Handrollstuhl ist vorhanden. Hunde an der Leine sind gestattet.

Besonderes
Kostenloser Eintritt für Rollifahrer plus eine Begleitperson.

Fahrdienste, Taxis
Ditta Taxi Willimann
Tel. 091 966 22 22

- Autobahnausfahrt Melide-Bissone gleich nach dem Tunnel beachten.
- Vier Rolliparkplätze vor dem Eingang in die Swissminiatur.
- Die Schifflände befindet sich am Ostzipfel des Damms.

Blick auf St. Moritz mit dem Schiefen Turm und der Chesa Veglia. Auch das bekannte Hotel Chesa Guardalej in Champfèr und sogar die Bobbahn von St. Moritz finden wir.

18 Highlights der Schweiz

Jeder Besucher hat seine eigenen Highlights, die er bevorzugt. Zum Beispiel den Titlis-Rotair, eine drehbare Luftseilbahn, die Engelberg mit dem Titlis verbindet. Vielleicht kennen wir die Bahn vom letzten Ausflug? Oder wie wärs mit einem Abstecher zum Zirkus Knie? Von der Manege bis zur Bobbahn in St. Moritz sind es nur wenige Schritte. Und wer hat bereits Schloss Chillon am Genfersee entdeckt? Selbst das bekannte Zürcher Brückenrestaurant «Mövenpick» auf der A1, im Volksmund als «Fressbalken» bekannt, wurde liebevoll nachgebildet. Kleine Modellautos verkehren auf der Autobahn. Da können wir von einem Kanton zum anderen eilen. Das Basler Münster und das Gebäude des IKRK in Genf sind keinen Steinwurf entfernt. Natürlich dürfen Kinder keine Steine in der Swissminiatur werfen, es ist auch streng verboten, die Wege zu verlassen und auf den Bergen herumzukraxeln. Aber fotografieren darf jedermann nach Herzenslust. Ob sich die asiatischen Touristen, die überall Bilder schiessen, dazu entschlossen haben, die Schweiz im Taschenformat zu durcheilen, um dann gleich weiter nach Paris zu fliegen?

dann stehen wir schon bei der Kasse und erhalten als Rollifahrer samt einer Begleitperson einen kostenlosen Eintritt. Dazu gibts gratis einen kleinen Faltprospekt, auf welchem alle Sehenswürdigkeiten kurz beschrieben sind. Im Gelände finden wir Schilder mit Nummern, welche im Prospekt nachgeschlagen werden können. Der Souvenirshop gleich hinter der Kasse lässt sich problemlos mittels einer kaum nennenswerten Rampe erreichen. Danach begeben wir uns auf den Rundparcours und fahren am Rolli-WC vorbei auf der linken Seite des Parks. Wir folgen dem Gleis der Kinderbahn und überqueren dieses weiter vorne – dabei sollten wir natürlich darauf achten, dass kein Zug naht. Weiter gehts an den verschiedensten Sehenswürdigkeiten vorbei und immer wieder über kleine Brücklein, mittels derer die Modellbahn überquert wird. An der engsten Stelle misst der Weg einen Meter, sonst ist er bis zu 1,40 Meter breit. Die grosse Kathedrale am Ende des Parcours lässt sich leider nicht mit allen Rollis befahren, der Eingang (60 cm) ist etwas schmal. Wir nehmen aber so viele positive Eindrücke mit nach Hause, dass wir gerne wiederkommen.

Vorsicht beim Überqueren des Gleises: Der Kinderzug naht! Im Hintergrund der Stockalperpalast von Brig.

116

Das Modell vom Bundeshaus im Massstab 1:25 000 besitzt riesige Dimensionen, über welche die Besucherinnen und Besucher staunen.

Eine Seepromenade und Altstadt zum Verlieben

Ascona

19

Die prächtige Bucht von Ascona mit ihren farbigen Häusern, den vielen Strassencafés und der Seepromenade, die ganz den Fussgängern gehört, strömt so viel südländisches Flair aus, dass man am liebsten für immer hierbleiben würde. Auch Rollifahrer müssen auf einen Besuch in Ascona nicht verzichten.

Ascona (210 m ü. M.), einst Fischerdorf, heute exklusiver Ferienort, liegt in einer Bucht am Lago Maggiore.

Mit den SBB via Gotthard und Bellinzona nach Locarno. Von dort aus mit dem Niederflurbus nach Ascona (Kursbuch 632, Linie 31).

Auf der A2 bis Ausfahrt Bellinzona-Süd. Von dort Richtung Locarno. Umfahrungstunnel in Locarno benutzen. In Ascona vier Rolliparkplätze am See.

Ein Besuch in Ascona empfiehlt sich zwischen Ostern und Mitte Oktober. Doch auch der stille Winter kann seine Reize haben.

Die Rundfahrt durch die Gassen von Ascona dauert zwischen einer und zwei Stunden.

Zwischen dem See und der Altstadt ist ein kleiner Höhenunterschied zu bewältigen.

Ente Turistico
Via Papio 5, 6612 Ascona
Tel. 091 791 00 91
www.maggiore.ch

Gemütliche Momente in einem Strassencafé an der Seepromenade Asconas.

Oben: Warten auf die Ankunft des Schiffes.
Unten: Vorbei an der Kirche San Pietro.

Zwischen dem Kopfsteinpflaster auf der Strasse und den Steinplatten am Quai rollen wir dank breitem Trottoir auf gutem Teerbelag entlang den Strassencafés.

Unser Ausflugsziel

Ascona, das südländische Traumziel unter Palmen und Kastanienbäumen, mit seinen vielen Strassencafés und schmalen Gässlein in der Altstadt, ist wohl den meisten Schweizern bekannt. Seit die Niederflurbusse auf der Linie 31 der FART eingeführt wurden, können Mobilitätsbehinderte das frühere Fischerdorf auch mit den öffentlichen Verkehrsmitteln erreichen.

Rolliparkplätze gibts direkt am See auf dem grossen Parkplatz rechts vom Hotel Ascolago. Reisen wir mit dem Bus an, beginnt die Tour bei der Post. Wir starten mit der Beschreibung unserer Tour beim Parkplatz am See. Wir wenden uns als Erstes nach rechts und fahren am Gartencafé vorbei die kleine Rampe (9 %) zum Bootshafen hinunter. Das erste Stück führt über Asphalt. Beim Bootshafen können wir einen Moment beim Quai verweilen und das bunte Treiben der Schiffe (vom Pedalo bis zum schnellen Tragflügelboot) verfolgen. Anschliessend rollen wir langsam der Seepromenade entlang in Richtung Via Moscia. Am besten fahren wir hier auf dem Trottoir, denn die autofreie Strasse wurde mit Kopfsteinpflaster ausgelegt. Der Quai weist dagegen Bodenplatten auf, aus denen Kastanienbäume wachsen. Dazwischen wurden schöne Ruhebänke positioniert. Strassencafés laden zum Verweilen ein, wir können die Werke der Strassenmaler bewundern (und kaufen).

Rolli-Infos

Öffentliche Verkehrsmittel
Vom Bahnhof Locarno fahren wir ebenwegs bis zur Strasse, überqueren diese und warten auf der anderen Seite auf den Bus Nr. 31 nach Ascona. In Ascona steigen wir bei der Post aus.

Bodenbeschaffenheit
In Ascona wechseln sich Kopfsteinpflaster, Bodenplatten und Asphalt ab. In der Altstadt meist Kopfsteinpflaster mit zwei besser befahrbaren «Fahrrillen» aus Steinplatten.

Neigungen
Am Ende der Seepromenade steigt die Strasse um 10 % über 30 m zur Via Moscia an. Bis zur Südklippe gehts nur leicht bergauf. Wieder zurück eingangs Altstadt, steigt die Via Borgo um 12 % über 100 m an. Nach der Altstadt fahren wir auf der Vicolo Sacchetti (9 %) wieder hinunter zur Seepromenade.

Signalisierung
Ascona verfügt über keine spezielle Signalisierung für Rollifahrer. Das Rolli-WC im Parkhaus über dem Coopcenter ist von aussen leider nicht angeschrieben.

Hindernisse/Zugänge
In Locarno gibt es an der Strasse vor dem Bahnhof zwei Schrägabsätze. In Ascona ist vor allem das Kopfsteinpflaster zu erwähnen. Achtung: Wenn wir in die Via Moscia einbiegen, nicht das Trottoir benützen. Es droht am Ende eine hohe Bordsteinkante. Wir fahren auf der autofreien Strasse.

Rollstuhlgängiges WC
Im Parkhaus über dem Coopcenter: Nur mit dem Lift (110 x 140 cm, Tür 105 cm) zu erreichen. Türbreite 85 cm, Sitzhöhe 45 cm, ein beweglicher Haltegriff links vorhanden, Lavabo 80 cm. Bei der Schifflände: Türbreite 85 cm, Sitzhöhe 45 cm, ein beweglicher Haltegriff rechts vorhanden, Lavabo 80 cm.

Restaurants
Alle Strassencafés sind für Rollifahrer problemlos zugänglich.

Übernachtung
In Ascona verfügt das Hotel Ascolago (Tel. 091 785 82 00) direkt neben dem Parkplatz am See über zwei rollstuhlgängige Zimmer im Erdgeschoss. Weitere Hotels unter www.rollihotel.ch.

Hilfestellungen
Nach Ascona reist man am besten mit einer Begleitperson.

Besonderes
Wer mit dem Schiff fahren will, muss für einen günstigeren Tarif den IV-Ausweis vorweisen.

Fahrdienste, Taxis
Rete Due-Uno Servizi, Locarno
Tel. 091 751 21 21
katia.morini@proinfirmis.ch

- An dieser Stelle erwartet uns eine Steigung hinauf zur Altstadt und in die Via Moscia.
- Beim Parkhaus oberhalb des Coopcenters befindet sich ein Rolli-WC.
- Von der Südklippe der Via Moscia geniessen wir den besten Ausblick auf Ascona.

Trotz exklusiver Kunstgalerien und elitären Besuchern schmücken wie in alter Zeit noch immer zahlreiche Strassenmaler die Seepromenade von Ascona.

Fotos: Ronald Gohl

19 — Einst Fischerdorf

Schon im 15. und 16. Jahrhundert etablierte sich in Ascona neben den Fischern ein Kleinbürgertum, das aus heimgekehrten Auswanderern und Besitzern von kleinen Handwerksbetrieben bestand. Der Wohlstand trug Blüten, nachdem sich auch Händler, Advokaten und Ärzte in Ascona niederliessen. Die Baumeister und Steinmetze schufen in dieser Zeit einige der schönsten Häuser Asconas, die noch heute, inzwischen vorbildlich renoviert, in ihrer Ursprünglichkeit zu bestaunen sind. Im 20. Jahrhundert eroberten dann Künstler und Intellektuelle das malerische Ascona. Auf dem Monte Verità oberhalb des Dorfes etablierte sich eine Vegetarier- und Naturistenkolonie. Ein Museum und ein Kongresszentrum erinnern an die frühere Bewegung.

Nach und nach setzte sich der Tourismus im Städtchen durch. Heute zählt Ascona zu den exklusivsten Ferienorten der Schweiz, das St. Moritz, Gstaad oder Montreux in nichts nachsteht.

Bis Ende der Achtzigerjahre wälzte sich der gesamte Verkehr durch die Altstadt von Ascona. Nach der Eröffnung des 1,1 Kilometer langen Tunnels unter dem Monte Verità gehört die alte Uferstrasse den Fussgängern und Feriengästen.

Am Ende der Seepromenade folgt eine kurze, aber steile Steigung (10 %) zur Kreuzung hinauf. Hier zweigen wir links in die Via Moscia ab und rollen nun auf der weiterhin autofreien Strasse (Teerbelag). Es folgt eine kleinere, aber permanente Steigung, bis wir nach etwa 500 Metern die Südklippe der Via Moscia erreicht haben. Von hier aus geniessen wir einen herrlichen Ausblick auf die Seepromenade von Ascona mit dem Kirchturm.

Auf dem gleichen Weg gehts zurück zur Kreuzung und anschliessend über die Via Borgo in die Altstadt hinauf. Wir benutzen das zweite Gässlein rechts und geniessen den Blick in die exklusiven Boutiquen. Über die Vicolo Sacchetti kommen wir schliesslich wieder zur Seepromenade hinunter. Es bleibt die Rückfahrt zum Parkplatz.

Oben: Nudeln, Früchte und Weine verkauft dieser «Tante-Emma»-Laden an der Via Borgo.
Seite 123: Via San Pietro mit Kirche von Ascona.

Glockengebimmel, Alpkäse und Mutterkühe **20**
Sörenberg

Sörenberg am Fuss des Brienzer Rothorns ist der einzige grössere Sommer- und Winterferienort im Kanton Luzern. Eine Luftseilbahn, eine Gondelbahn, zahlreiche Sesselbahnen und Skilifte sowie viel unberührte Bergnatur erwarten uns im Feriendorf. Rollifahrer können mit der Gondelbahn bequem auf die Rossweid, zum Ausgangspunkt unserer Wanderung, fahren.

 Sörenberg (1166 m ü. M.), liegt inmitten der UNESCO-Biosphäre Entlebuch im Kanton Luzern.

 Mit den SBB von Luzern oder Bern bis Schüpfheim. Von dort aus mit dem Postauto nach Sörenberg (Kursbuch 460, 460.60).

 Auf der A2 bis Ausfahrt Emmen-Süd. Von dort über Wolhusen ins Entlebuch. Nach dem Dorf Schüpfheim Linksabzweigung Richtung Sörenberg beachten.

 Die Gondelbahn Sörenberg–Rossweid (Kursbuch 2503) fährt von der zweiten Junihälfte bis ca. Mitte Oktober.

 Die Talfahrt über Schlacht inklusive Abstecher zur Schwarzenegg und zum Alphotel Schwand dauert rund zweieinhalb Stunden.

 Zur Schwarzenegg 68 m bergauf, zum Alphotel 43 m bergauf, Rossweid–Sörenberg 299 m bergab.

 Sörenberg-Flühli Tourismus
6174 Sörenberg
Tel. 041 488 11 85
www.soerenberg.ch

Ausgangspunkt unserer Wanderung ist die Rossweid auf 1465 m ü. M.

*Oben: Blick auf Schafnase und Rossflue.
Unten: Mutterkuhhaltung auf Alp Schwand.*

Ein kurzer Abstecher (Steigung 25 % über 10 m) bringt uns zum Schwandseeli, das wir auf gutem Schotterweg umrunden können.

Unser Ausflugsziel

Im Jahre 2001 erklärte die UNESCO das ganze Entlebuch zu einem Biosphären-Reservat. Damit sind Landschaften mit aussergewöhnlichen Naturschönheiten gemeint. Sörenberg an der Nordflanke des Brienzer Rothorns weist eine Reihe solcher Schätze auf, zum Beispiel das Kalkgebirge der Schrattenflue.

Unser Ausflug beginnt bei der Talstation der Gondelbahn Rossweid, wo 3 Rolliparkplätze zur Verfügung stehen. Das Postauto hält gleich gegenüber der Brücke über die Waldemme bei der Post. Für das Einsteigen in die enge Gondel (Türbreite beachten, siehe Rolli-Infos) sind zwar ein paar Klimmzüge notwendig, diese werden jedoch dank der Hilfe des freundlichen Personals mit Bravour gemeistert. Oben angekommen erfolgt das Aussteigen auf gleiche Weise. Von nun an kommen wir gut selbstständig voran, und zwar öffnet eine automatische Glasschiebetür (118 cm) stufenlos ins Freie. Wer einen Swiss-Trac oder kräftigen Begleiter hat, sollte sich für einen Abstecher zur Schwarzenegg entscheiden. Beim Wegweiser erwartet uns die erste Steigung (16 % über 20 m), danach gehts moderat weiter, und schliesslich folgt eine Steigung von 15 bis 18 % über 300 Meter. Die Skihütte auf der Schwarzenegg ist nur im Winter geöffnet. Der Abstecher lohnt sich aber wegen der faszinierenden Aussicht auf die Schrattenflue.

Rolli-Infos

Ohne Wanderung leichter Ausflug!

Öffentliche Verkehrsmittel
Schüpfheim ist kein offizieller Stützpunktbahnhof, verfügt jedoch über einen Mobilift! Das Postauto mit eingebautem Mobilift muss 24 h im Voraus bestellt werden (Tel. 041 368 10 10).

Bodenbeschaffenheit
Bis auf einen kurzen Abschnitt sind alle Alpstrassen asphaltiert. Zwischen Sörenberg-Platz und der Talstation der Gondelbahn erwartet uns ein Schottersträsschen entlang der Waldemme.

Neigungen
Abstecher Schwarzenegg: max. Steigung 15–18 % über 300 m. Talwanderung Rossweid–Sörenberg-Platz: max. Gefälle 16 % über 100 m. Abstecher Alphotel Schwand: max. Steigung 10–13 % über 400 m. Schlussetappe entlang der Waldemme: Steigung 15 % über 10 m, Gefälle 13 % über 10 m.

Signalisierung
Wir achten auf die gelbe Wanderwegbeschilderung, bleiben jedoch auf der asphaltierten Strasse.

Hindernisse, Zugänge
Ein geräumiger Warenlift führt vom Erdgeschoss der Talstation in den 2. Stock, wo die Gondelbahn abfährt, dort befindet sich auch das Kassenhäuschen. Zum Einsteigen gibts keine Rampe, das Personal ist mit Muskelkraft behilflich (Niveauunterschied 20 cm), und die Bahn wird verlangsamt. Die Türen der Gondeln sind nur 58 cm breit (Innenmasse: 59 x 130 cm). Auf der Alpstrasse gibts mehrere Viehroste. Der Weidezaun muss zum Umfahren geöffnet werden. Im Alphotel gibts einen Lift (108 x 132 cm, Tür 79 cm). Man kann jedoch auch aussen herauf fahren (holpriger Natursteinboden). Das Gattertor bei Sörenberg-Platz ist 90 cm breit.

Rollstuhlgängige WCs
Bei der Talstation sowie in Sörenberg gibts kein Rolli-WC, dafür bei der Bergstation und im Alphotel. Zum Beispiel Bergstation: Türbreite 80 cm, Sitzhöhe 40 cm, Haltegriff links mobil, Klappspiegel, Lavabo unterfahrbar (75 cm).

Restaurant
Bergrestaurant Rossweid und Alphotel Schwand (beide sowohl innen als auch Terrassen gut zugänglich).

Übernachtung
Das Hotel Rischli (Tel. 041 488 12 40) mit RS-Wellnessbereich kurz vor Sörenberg sowie das Alphotel Schwand (Tel. 041 488 11 39) haben Spezialzimmer für Rolligäste eingerichtet.

Hilfestellungen
Das Gondelbahnpersonal packt beim Einsteigen zu. Mithilfe einer Begleitperson von Vorteil.

Besonderes
Für Elektrorollis zu schmale Türen bei den Gondeln. Bergfahrt mit dem Elektrorolli auf der Strasse zur Rossweid möglich.

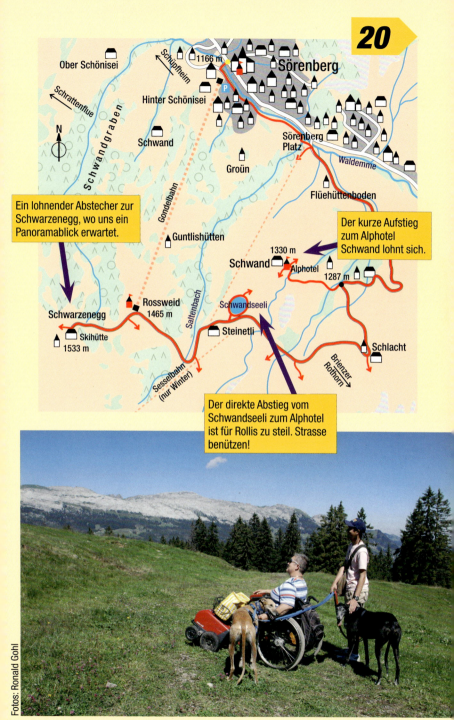

Bevor wir zu unserem Weg ins Tal aufbrechen, lohnt sich der Abstecher zur Schwarzenegg, von wo aus wir die Kalkberge der Schrattenflue überblicken.

20 ▸ *Alphotel Schwand*

Aus der ehemaligen Alphütte Schwand oberhalb von Sörenberg entstand im Jahre 2005 ein Alphotel mit Erlebnischarakter. In unmittelbarer Nähe wurde auch die Alphütte neu erbaut und von Milch- auf Mutterkuhhaltung umgestellt. Die Kühe können bei ihren Müttern aufwachsen, d. h. die Milch wird nicht mehr zu Käse verarbeitet, sondern dient zur Aufzucht der Jungtiere. Das Alphotel verfügt über einen Lift sowie über zwei Rollizimmer. Alle Zimmer sind mit Dusche/WC, Fernseher und Internetanschluss ausgestattet. Auf der Sonnenterrasse mit herrlicher Aussicht in die UNESCO-Biosphäre Entlebuch gibts nicht nur deftige Älplerkost, sondern auch das Gefühl, beim Senn zu Hause zu sein. Der einladende, spezielle Charme, den der Kuhstall als Alphotel zu bieten vermag, blieb vollständig erhalten (www.schwand.ch).

Im Vordergrund der Käsespeicher, dahinter die Alpgebäude von Schlacht.

Wieder zurück auf der Rossweid, können wir uns im Bergrestaurant für die bevorstehende Abfahrt nach Sörenberg stärken. Danach kann es auch schon losgehen, für die Strecke bergab sind gute Handschuhe zum Bremsen empfehlenswert. Etwas störend sind die zahlreichen Autos, die vor allem am Wochenende unterwegs sind. Bei der Sesselbahn Steinetli lohnt sich der Abstecher zum Schwandseeli. Es geht kurz, aber steil bergauf (Steigung 25 % über 10 m). Dafür können wir den See umrunden und evtl. picknicken. Zurück auf der Strasse, setzen wir unsere Wanderung fort und gelangen über die Alp Schlacht zur Verzweigung auf 1287 m ü. M. Den geringen Höhenunterschied zum Alphotel Schwand werden wir nicht bereuen, denn oben angekommen, erwarten uns alle Annehmlichkeiten, die Wanderer benötigen. Nun gehts wieder zurück und auf der Strasse hinunter zum Flüehüttenboden. Kurz vor der Brücke zweigen wir links auf einen Wanderweg ab, hier gibts eine knifflige Stelle mit Querneigung (siehe Rolli-Infos). Auf dem Kiesweg wandern wir entlang der Waldemme zurück zur Talstation.

Oben: Knorrige Bäume und saftig grüne Wiesen auf dem Weg zum Alphotel Schwand.
Unten: Frischen Alpkäse können wir auch bei der Alp Schlacht kaufen.

Begegnungen mit Dachs, Bär, Dinosaurier & Co. **21**
Naturmuseum Solothurn

Das Naturmuseum Solothurn gilt als attraktives Freizeitziel, das einem auf unterhaltsame Weise unsere Tiere, Pflanzen, Gesteine und Versteinerungen nahebringt und dafür international ausgezeichnet wurde. Rollifahrer erreichen das Museum stufenlos, und innerhalb des Museums sorgt ein grosser Lift für einen barrierefreien Übergang von Stockwerk zu Stockwerk.

 Solothurn (432 m ü. M.) liegt am Jurasüdfuss und an der Aare und gilt als schönste Barockstadt der Schweiz.

 Solothurn erreichen wir von Biel, Olten und Zürich mit dem ICN, von Bern mit dem Niederflurzug der RBS (Kursbuch 410, 308).

 Auf der A1 Bern–Zürich bis zur Verzweigung Luterbach, von dort auf der A5 bis Solothurn-Süd. Rolli-Parkplatz vor dem Naturmuseum.

 Dienstag bis Samstag, 14.00–17.00 Uhr, Sonntag, 10.00–17.00 Uhr. Montag geschlossen. Feiertage: siehe Internet. Freier Eintritt.

 Der Museumsbesuch dauert je nach Interesse zwischen einer und drei Stunden.

 Ebener, rollstuhlgängiger Weg vom Bahnhof über die Kreuzackerbrücke zum Klosterplatz.

 Naturmuseum Solothurn
Klosterplatz 2
4500 Solothurn
Tel. 032 622 78 21
www.naturmuseum-so.ch

Das Naturmuseum Solothurn besteht den Elchtest für Rollifahrer.

Ob Bären oder Erlebnistisch mit Blattformen zum Tasten – es gibt viel zum Erleben!

Solothurn liegt am Südfuss des Juras. Entsprechend reich ist die Ausstellung an Versteinerungen, Gesteinen und Mineralien aus dieser Region der Schweiz.

Unser Ausflugsziel

Das Naturmuseum Solothurn weckt Interesse, Begeisterung, Verständnis und Liebe für die Natur. Es stellt die Tiere, Pflanzen, Steine und Versteinerungen der Umgebung von Solothurn vor und informiert mit attraktiven Sonderausstellungen über aktuelle Themen. Einmalig sind die 150 Millionen Jahre alten versteinerten Schildkröten aus den Steinbrüchen der Stadt, die wunderschönen Seesterne vom Weissenstein und die berühmten Dinosaurier-Fährten von Lommiswil.
Kleine und grosse Kinder dürfen den weichen Pelz eines echten Bären oder das borstige Fell eines Wildschweins streicheln. Es gibt Videos, Spielmodelle und ein neuartiges geologisches Aquaterrarium, in welchem eine moosbewachsene Quelltuffwand wächst. Für Rollifahrer ist das Museum ein leicht zu erreichendes Ausflugsziel, das keine besonderen Schwierigkeiten aufweist. Alles ist barrierefrei und leicht zugänglich.
Vom Bahnhof Solothurn fahren wir über die Hauptbahnhofstrasse zum Kreuzackerquai an der Aare. Dort überqueren wir auf der Fussgängerbrücke den Fluss und gelangen das letzte Stück über Kopfsteinpflaster zum Klosterplatz, wo sich das Museum in einem alten, barocken Gebäude befindet. Die kleine Rampe zum Haupteingang ist rasch überwunden. Der Eintritt ist frei, und schon im

Rolli-Infos

Öffentliche Verkehrsmittel
Mobilift am Bahnhof Solothurn für die Züge der SBB. Reservation mit RBS (Regionalverkehr Bern–Solothurn) nicht erforderlich, da Ein- und Aussteigen bei den Niederflurzügen unproblematisch ist.

Bodenbeschaffenheit
Vom Hauptbahnhof über Asphalt und teilweise Kopfsteinpflaster bis zum Museum am Klosterplatz. Die Museumsböden sind mit Teppichen ausgelegt.

Neigungen
Am Bahnhof gilt es ein Gefälle bzw. eine Steigung mit 14 % über 30 m zu bewältigen. Vom Klosterplatz führt eine Rampe mit 10 % zum Haupteingang hinauf. Im Inneren des Museums gibt es keine Neigungen.

Signalisierung
Der Weg vom Bahnhof zum Museum ist nicht signalisiert, dennoch ist der Klosterplatz leicht zu finden.

Hindernisse/Zugänge
Bei der Haupttür gilt es eine Schwelle von 3 cm zu überwinden. Wenn jemand die 146 cm breite Doppelflügeltür nicht aufstossen kann, so ist links vom Eingang eine Klingel. Die Tür wird geöffnet. Mit dem Lift (160 x 250 cm) gelangen die Rollifahrer von Stockwerk zu Stockwerk. Die Flügeltür muss aufgeklappt werden. Das Bedienungselement für den Lift ist mit 147 cm etwas hoch (Umbau ist demnächst geplant). Bei einigen Vitrinen sind die Mikroskope für Rollifahrer zu hoch (134 cm).

Rollstuhlgängiges WC
Das rollstuhlgängige WC befindet sich im 2. Stock. Türbreite 77 cm, Sitzhöhe 53 cm, 2 Haltegriffe vorhanden, beide nicht fixiert.

Restaurant
Das Museum verfügt über keine Cafeteria. Es gibt aber lauschige Picknickplätze am Aareufer.

Übernachtung
Das Hotel Astoria (Tel. 032 622 75 71) befindet sich hinter dem Bahnhof Solothurn-West und verfügt über vier geeignete Zimmer. Auch die Jugendherberge am Landhausquai 23 (Tel. 032 623 17 06) hat zwei Spezialzimmer für Rollifahrer.

Hilfestellungen
Es können keine Handrollstühle ausgeliehen werden. Für Sehbehinderte werden auf Anfrage Führungen organisiert.

Besonderes
Hilfs- und Begleithunde sowie Führhunde sind an der Leine erlaubt.

Fahrdienste, Taxis
INVA Mobil
Tel. 032 622 88 50
info@inva.ch

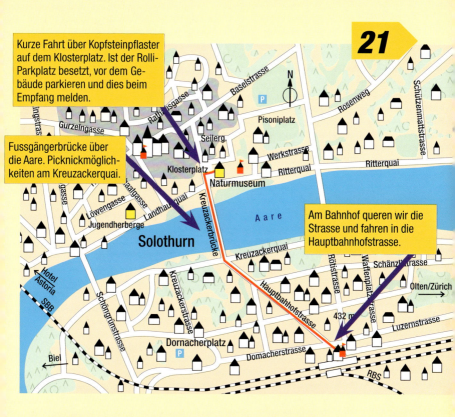

Kurze Fahrt über Kopfsteinpflaster auf dem Klosterplatz. Ist der Rolli-Parkplatz besetzt, vor dem Gebäude parkieren und dies beim Empfang melden.

Fussgängerbrücke über die Aare. Picknickmöglichkeiten am Kreuzackerquai.

Am Bahnhof queren wir die Strasse und fahren in die Hauptbahnhofstrasse.

Fotos: Ronald Gohl, Phillipe Cruz

Wo ausser im Naturmuseum kann der Mensch einer Wildschwein-Familie so nahe kommen? Die Ausstellungen sind vor allem den einheimischen Tieren gewidmet.

21 Dinos in der Schweiz

Nicht allen Schweizerinnen und Schweizern ist bekannt, dass sich in unserem Land während der Urzeit viele Dinosaurier tummelten – darunter auch gefährliche Raubsaurier. Schon im Jahre 1856 wurden in Füllinsdorf im Kanton Baselland die Knochen eines riesigen Reptils gefunden. Auch auf dem Gebiet des heutigen Nationalparks lebten einst Dinosaurier. Dort stiessen Wissenschaftler der ETH Zürich auf versteinerte Dinosaurierspuren. Noch im gleichen Jahr machten zwei Buben den wohl bedeutendsten Saurierfund der Schweiz. In einer Tongrube bei Frick entdeckten sie seltsame bläuliche Splitter, die zum Skelett eines Plateosaurus gehörten.
Im Gebiet von Solothurn wurden über 150 Millionen Jahre alte Fussspuren gefunden. Beim Steinbruch von Lommiswil bei Oberdorf können von einer gesicherten Plattform aus die Spuren der Dinosaurier betrachtet werden. Grosse Schautafeln informieren die Besucher über die Entstehung der Spuren. Der Steinbruch selbst ist wegen Steinschlag gesperrt. Man braucht jedoch nicht dorthin zu fahren: Abgüsse einiger gigantischer Spuren des Brachiosaurus sind im Naturmuseum Solothurn ausgestellt.

Erdgeschoss erwarten uns die ersten Höhepunkte wie Bären, Wildschweine und andere Tiere aus unserem Land.
Mit dem Lift gehts in den zweiten Stock, wo wir unseren Rundgang beginnen. Das riesige Dinosauriermaul mit seinen messerscharfen Zähnen wirkt auf die Besucher wie ein Magnet. Weitere Ausstellungsgegenstände sind hier dem Thema Dinosaurier gewidmet. Im ersten Stock fahren wir mit dem Rolli vom Lift aus direkt zu zwei Riesenschildkröten. Daneben gibts auch Vögel und einen kuriosen Vogelstimmenapparat mit Druckknöpfen zu bewundern. Schliesslich erkunden wir noch das Untergeschoss, wo spannende Wechselausstellungen verschiedene Themen vertiefen.

Per Knopfdruck können die Besucher verschiedene Vogelstimmen hören. Auf der Wand erscheinen die dazugehörenden Bilder.

Wohl jeder Besucher ist von den gewaltigen Zähnen dieses Dinosauriers im zweiten Stock des Naturmuseums Solothurn überwältigt.

Im Erfahrungsfeld unserer fünf Sinne **22**

Sensorium

Rund 40 Erlebnisstationen laden im Sensorium zum Bestaunen, Begreifen, Betasten und Bespielen ein. Erzeugen und beobachten Sie Phänomene der Formgebung, des Rhythmus, des Gleichgewichts und viele andere mehr. Für Rollifahrer gibts im Sensorium kaum Hindernisse, und Sehbehinderte kommen in den Genuss einer ganz neuen Dimension des Erlebens.

 Das Rüttihubelbad (769 m ü. M.) liegt am Eingang zum Emmental in der Nähe der Gemeinde Walkringen BE.

 Unser Ausflugsziel erreichen wir mit der S7 (Bern–Worb-Dorf), wo wir ins Postauto nach Rüttihubelbad umsteigen (Kursbuch 307, 300.791).

 Auf der A6 Bern–Thun bis Ausfahrt Muri. Von dort über Worb und Enggistein ins Rüttihubelbad. 3 Rolliparkplätze vor dem Haus.

 Di–Fr, 9.00–17.30 Uhr, Sa/So, 10.00–17.30 Uhr, Mo auf Voranmeldung (nur für Gruppen).

 Wer an allen Stationen spielen möchte, benötigt dafür im Sensorium 2–3 Stunden.

 Kleiner Höhenunterschied zwischen Parkplatz und Eingang, sonst praktisch alles eben zugänglich.

 Sensorium
Rüttihubelbad
3512 Walkringen
Tel. 031 700 85 85
www.sensorium.ch

Es braucht manchmal etwas Überwindung, um in den Topf der Tastgalerie zu greifen.

*Oben: Farbige Schatten im Farbraum.
Unten: Im Zerrspiegel gibts etwas zu lachen.*

Wir brauchen Konzentration und Gefühl, um einen Gong nicht nur laut, sondern schön ertönen zu lassen. Sehbehinderte fühlen die Schallwellen im Luftballon.

Unser Ausflugsziel

Das Sensorium im Rüttihubelbad ist ein Erfahrungsfeld der Sinne, gestaltet nach den Ideen des deutschen Philosophen, Künstlers und Pädagogen Hugo Kükelhaus (1900–1984). Ein spannender und anregender Erkundungsgang führt uns durch das Reich der Sinne und bringt uns hautnah mit den Gesetzen der Natur und des Lebens in Berührung. Entdecken ist hier ausdrücklich erwünscht: Alles darf, ja soll angefasst und ausprobiert werden.

Nach der Ankunft im Rüttihubelbad mit dem Postauto fahren wir mit dem Lift vom Erdgeschoss ins 2. Untergeschoss, wo sich die Kasse und der Eingang ins Sensorium befindet. Vom Parkplatz führt der hintere Weg direkt zum Haupteingang. Das Personal ist sehr hilfsbereit und gewährt jegliche Unterstützung und Auskunft. Als Erstes fahren wir mit dem Lift ins 3. Untergeschoss, wo wir den Rundgang durch die einzelnen Erlebnisstationen beginnen. Neben dem Duftbaum und der Tastgalerie zieht uns hier vor allem die Rollstuhlschaukel in ihren Bann. Um sie in Gang zu setzen, benötigen wir den Schlüssel von der Kasse. Eine Begleitperson ist von Vorteil. Das Schaukeln begeistert jedermann, und die nie nachlassende Faszination beruht auf der körperlichen Erfahrung des Schwingens. Auf der Rollstuhlschaukel ist dies auch handicapierten Menschen möglich. Auf der gleichen Etage befindet sich der

Rolli-Infos

Öffentliche Verkehrsmittel
Von Bern mit der RBS (Niederflurzüge) bis Worb-Dorf. Von dort ebenwegs zur Postautohaltestelle. Das Aussteigen im Rüttihubelbad ist etwas knifflig, weil die Haltestelle in einer Steigung der Strasse liegt.

Bodenbeschaffenheit
Ausserhalb des Sensoriums: Verbundsteine beim Eingang, Steinplatten auf der Restaurantterrasse und beim Zufahrtsweg zum Parkplatz. Im Gebäude: Stein- und Holzböden (Parkett).

Steigungen/Neigungen
Zwischen dem Parkplatz und dem Haupteingang benutzen wir den längeren Weg (ca. 70 m) mit einer Steigung von 8 %. Nicht den kurzen, steilen Weg vorne bei der Strasse wählen. Wer mit dem Postauto anreist, wird gleich nach dem Aussteigen mit einer Querneigung von 12 % konfrontiert. Im 3. Untergeschoss des Sensoriums gibt es eine Rampe mit einer Steigung von 6 %.

Signalisierung
Keine Signalisierung notwendig, alles ist sehr übersichtlich. Der Bus hält direkt vor dem Haus.

Hindernisse/Zugänge
Nachdem wir das Aussteigen beim Postauto geschafft haben, winkt uns freie Fahrt im Sensorium. Die Eingangstür ist 140 cm breit und öffnet sich automatisch. Bis auf eine Ausnahme (Barfussweg) können alle Spiel- und Erlebnisstationen problemlos erreicht werden. Der Lift ist 100 x 140 cm gross, die Tür 90 cm breit und öffnet sich automatisch. Gut erreichbare Tastatur.

Rollstuhlgängiges WC
Das rollstuhlgängige WC befindet sich im 1. Untergeschoss. Türbreite 90 cm, Sitzhöhe 45 cm, 2 Haltegriffe vorhanden, fix und mobil, Lavabo unterfahrbar (90 cm), Klappspiegel. Damen/Herren separat.

Restaurant
Stufenlos erreichbares Restaurant mit Sonnenterrasse. Automatische Tür (100 cm). Gegenüber vom Restaurant ist eine Cafeteria mit kleinem Souvenirshop. Automatische Tür (105 cm) und 2 cm hohe Schwelle.

Übernachtung
Das Hotel Rüttihubelbad (Tel. 031 700 81 81) befindet sich im gleichen Gebäude wie das Sensorium. Einige Zimmer sind behindertengerecht eingerichtet.

Hilfestellungen
Auf Voranmeldung kann ein Handrollstuhl aus dem Altersheim besorgt werden. Begleithunde erlaubt.

Besonderes
Für Gruppen ist eine Anmeldung erwünscht. Das Sensorium informiert die Besucher bezüglich des besten Besuchstermins, Aussteigeorts usw.

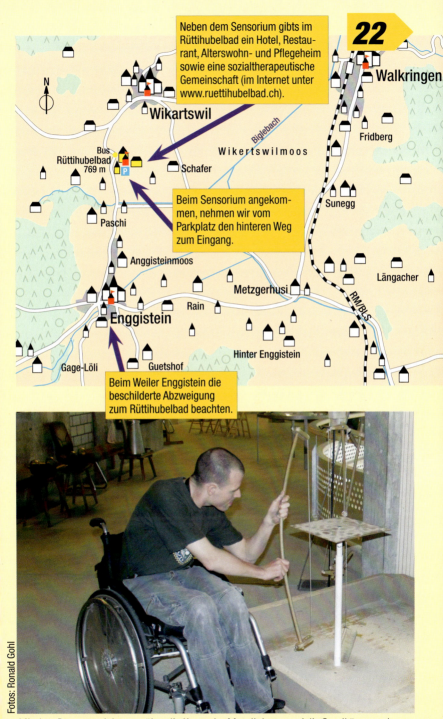

Mit dem Bogen streicht man über die Kante der Metallplatte, und die Sandkörner ordnen sich wie durch Zauberhand zu wunderschönen, organisch wirkenden Mustern.

22 Hugo Kükelhaus

Hugo Kükelhaus (1900–1984) war ein vielseitig begabter Mensch: Pädagoge, Philosoph, Künstler, Schriftsteller, Forscher und Handwerker. Der Mensch in der technisierten, zunehmend virtuellen Lebenswelt stand für ihn im Zentrum. Kükelhaus schrieb dazu: «Was uns erschöpft, ist die Nichtinanspruchnahme der Möglichkeiten unserer Organe und unserer Sinne, ist ihre Ausschaltung, Unterdrückung ... Was aufbaut, ist Entfaltung. Entfaltung durch die Auseinandersetzung mit einer mich im Ganzen herausfordernden Welt.»

Hugo Kükelhaus war ein universaler Denker, der auf zentrale Probleme unserer Zeit aufmerksam gemacht hat, aber auch Wege zu ihrer Überwindung wies. Er sah den Menschen der modernen, technischen Zivilisation gegenüber seinen leiblichen und seelischen Kräften verarmen und aus dem Lot geraten. Ursächlich hierfür erkannte er ein Wertesystem, das den Intellekt aus der Ganzheit der menschlichen Fähigkeiten einseitig heraushebt, sowie eine Technik und Umweltgestaltung, die auf eine Entlastung des Körpers und der Sinne statt auf deren Herausforderung angelegt ist.

Farbraum (Türschwelle 2,5 cm). Hinter dem Vorhang lassen sich farbige Schatten erzeugen.
Eine längere hölzerne Rampe mit Geländer führt ins Zwischengeschoss, wo es verschiedene rotierende Scheiben zu entdecken gibt. Menschen mit Epilepsie wird davon abgeraten, diese in Bewegung zu setzen. Ansonsten droht keine Gefahr, viel mehr erwartet uns grosses Staunen über die verschiedenen Effekte.
Wir fahren wieder über die Rampe hinunter ins 3. Untergeschoss, wo wir den Lift ins 2. Untergeschoss nehmen. Hier erregen die Horchrohre und der Klangstein unsere Aufmerksamkeit. Mit unseren blossen Händen bringen wir einen Stein zum Klingen – faszinierend! In Nebenräumen entdecken wir die Klangfarben der Gongs. Schliesslich fahren wir noch ins 1. Untergeschoss, wo wir mit verschiedenen Apparaten den Klang sichtbar machen können. Daneben gibts noch unzählige weitere Sinneserlebnisse an Spielstationen im Sensorium, die uns mit viel Freude herausfordern.

Mit dieser Schaukel gibt es ein spezielles Angebot für Rollstuhlfahrer, die sich damit schwungvoll in Bewegung bringen können.

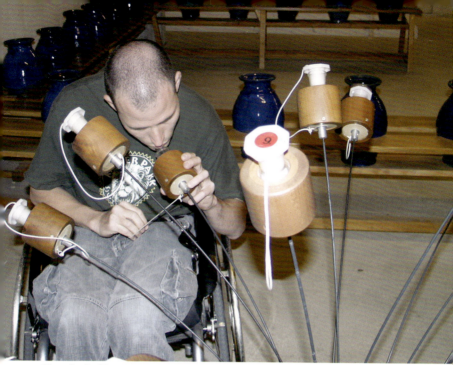

Oben: Am Duftbaum versuchen wir, alltägliche Gerüche zu raten – gar nicht so einfach.
Unten: Im Tonoskop können wir unsere Stimme nicht nur hören, sondern auch sehen.

Alles über Barry, den berühmten Bernhardinerhund — 23
Naturhistorisches Museum

Das Naturhistorische Museum in Bern besitzt einen ganz besonderen Schatz – den original präparierten Bernhardiner Barry, der als Lawinensuchhund auf dem Grossen St. Bernhard-Pass über 40 Menschen das Leben gerettet hat. Daneben gibts noch viele weitere Höhepunkte. Rollifahrer geniessen im Naturhistorischen Museum freie Fahrt in allen Räumen.

Bern (540 m ü. M.), die Hauptstadt der Schweiz, wird von der Aare in einem Bogen umflossen.

Wir erreichen Bern problemlos aus allen Himmelsrichtungen mit den Zügen der SBB.

Auf der A1 Zürich–Bern bis zur Ausfahrt Bern-Ostring. Von dort über den Thunplatz bis zur Abzweigung Bernastrasse. Einen Rolli-Parkplatz gibts beim Museum.

Das ganze Jahr, Mo, 14.00–17.00 Uhr, Di, Do, Fr, 9.00–17.00 Uhr, Mi, 9.00–18.00 Uhr, Wochenende, 10.00–17.00 Uhr.

Der Museumsbesuch dauert je nach Interesse zwischen einer und drei Stunden.

Praktisch eben auf dem Trottoir vom Helvetiaplatz, vorbei am Historischen Museum in die Bernastrasse.

Naturhistorisches Museum
Bernastrasse 15
3005 Bern
Tel. 031 350 71 11
www.nmbe.ch

Mit dem Treppenlift wird die Eingangstreppe überwunden. Drinnen warten Krokodile.

Unvergesslicher, treuer Hundeblick: Barry rettete unzähligen Menschen das Leben.

Die Dioramenschau des Naturhistorischen Museums ist weltberühmt. Die Besucher glauben, der Gorilla sei echt und käme direkt aus dem Urwald auf sie zu.

Unser Ausflugsziel

Das Naturhistorische Museum der Burgergemeinde Bern – 1832 als eigenständige Institution entstanden – zählt zu den bedeutendsten Museen der Schweiz. Die Darstellung von Tieren in ihrem natürlichen Lebensraum (sogenannte Dioramen) ist seit mehr als 50 Jahren eine seiner Spezialitäten. Das Museum besitzt mit mehr als 200 Lebensbildern von Vögeln und Säugetieren eine in Europa wohl einmalige Schau.

Das vollständig rollstuhlgängige Museum gilt auch für Menschen mit einem Handicap als beliebtes Ausflugsziel. Die Anreise vom Bahnhof mit dem Niederflurtram (die Combinos verfügen sogar über eine per Knopfdruck ausfahrbare Rampe) ist unkompliziert, und der Weg vom Helvetiaplatz bis zum Museum an der Bernastrasse stellt ebenfalls keine besondere Herausforderung dar. Die Eingangstreppe wird mit einem Treppenlift überwunden, und von hier aus gelangen wir stufenlos zu allen Ausstellungsräumen. Gleich beim Eingang befinden sich vis-à-vis der Kasse der Souvenirshop und das Museumscafé. Hier heisst uns auch Barry, der Bernhardiner, willkommen. Wir rollen nach hinten und gelangen zu den langen und dunklen Korridoren mit den vielen Dioramen. Der Gorilla, der aus dem Busch auf uns zukommt, oder die Krokodile wirken schon fast etwas unheimlich.

143

Rolli-Infos

Öffentliche Verkehrsmittel
Mobilift am Bahnhof Bern für die Züge der SBB. Bei der Haltestelle neben dem Warenhaus Loeb warten wir aufs Niederflurtram der Linie 3 oder 5. Es bringt uns zum Helvetiaplatz.

Bodenbeschaffenheit
Zwischen dem Helvetiaplatz und dem Naturhistorischen Museum an der Bernastrasse 25 fahren wir auf dem Trottoir. Im Museum gibt es Stein- und Linoleumböden.

Neigungen
Am Bahnhof weisen die Rampen bis zu 10 % auf. Im Museum gibts nur eine leichte Steigung zur Käfersammlung.

Signalisierung
Auf dem Weg zum Naturhistorischen Museum gibts Infosäulen der Stadt Bern. Wir gehen am markanten Bau des Historischen Museums vorbei und biegen dahinter in die Bernastrasse ein.

Hindernisse/Zugänge
Beim Niederflurtram wird eine Rampe ausgefahren, die Kommunikation zwischen Tram- und Rollifahrer funktioniert gut. Zwischen Helvetiaplatz und Museum wird die Strasse mit zwei Bordsteinkanten überquert. Für die Betätigung des Treppenlifts wird ein Eurokey benötigt, man kann aber auch an der Klingel beim Briefkasten läuten. Die Haupttür (120 cm) ist stufenlos und funktioniert automatisch. Auch die Lifttüren öffnen sich automatisch. Der vordere Lift misst 85 x 99 cm, der hintere Glaslift 108 x 144 cm. Die Bedienungselemente im Lift sind auf 130 bzw. 133 cm angebracht.

Rollstuhlgängiges WC
Das rollstuhlgängige WC befindet sich im Erdgeschoss. Türbreite 84 cm, Sitzhöhe 54 cm, 2 Haltegriffe vorhanden, rechts fest montiert, links beweglich.

Restaurant
Das Museum verfügt über eine Cafeteria. Selbstbedienungstheke und Tische sind 80 cm hoch.

Übernachtung
Das Hotel Bern (Tel. 031 329 22 22) befindet sich an der Zeughausgasse 5 in der Nähe des Bahnhofs und verfügt über zwei Spezialzimmer. Weitere Hotels unter www.rollihotel.ch.

Hilfestellungen
Bei der Kasse kann ein Handrollstuhl ausgeliehen werden. Für Sehbehinderte werden auf Anfrage (14 Tage vorher) Führungen organisiert.

Besonderes
Hilfs- und Begleithunde sowie Führhunde sind an der Leine erlaubt. Eintritt Rollifahrer plus Begleitperson kostenlos.

Fahrdienste, Taxis
Betax Bern
Tel. 0800 90 30 90
betax@betax.ch

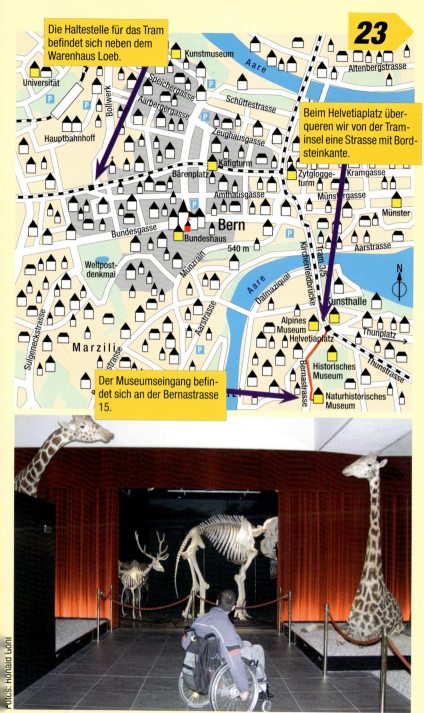

Im Knochensaal wachen zwei Giraffen über die Skelettschau, welche wie im Kino am staunenden Betrachter vorbeizieht.

23 ▸ *Barry, der Lawinenhund*

Dass Barry ein Fässchen mit Schnaps um den Hals getragen hat, mit dessen Tropfen sich die halb erfrorenen Lawinenopfer aufwärmen konnten, ist historisch nicht erwiesen. Barry wurde von den Mönchen des Hospizes auf dem Grossen St. Bernhard-Pass eingesetzt, um Lawinenopfer zu retten. Der Hund erblickte im Jahre 1800 das Licht der Welt und soll während seines Einsatzes in der während des Winters tief verschneiten Gegend über 40 Menschen das Leben gerettet haben. Altershalber kam Barry nach Bern. Auf Wunsch des Priors vom Hospiz wurde der Hund in Bern gepflegt, wo er im Jahre 1814 später starb. Heute heisst der echte, präparierte Bernhardinerhund Barry die Besucher mit seinen treuherzigen Augen in der Eingangshalle willkommen. Nicht nur sein präparierter Körper blieb der Nachwelt erhalten. Ein Denkmal ist im Hundefriedhof von Asnières-sur-Seine bei Paris für Barry errichtet worden. Und noch heute erinnern unzählige Plüschhunde mit Schnapsfässchen, Kinderbücher und Filme an den tapferen und treuen Hund.

Mit dem Lift gelangen wir in den ersten Stock, wo uns weitere Dioramen von Vögeln und eine spektakuläre Knochenschau erwarten. Die fast 150-jährige Skelettsammlung wurde im grossen Saal zu neuem Leben erweckt und lässt den einen oder anderen Besucher erschaudern. In einer Kiste, auf idealer Höhe für Rollifahrer, können wir einzelne Knochenstücke berühren, auseinandernehmen und zusammensetzen.

Im zweiten Stock erwartet uns ein besonderer Raum, wo wir blind Felle ertasten und Geweihe in die Hand nehmen können. Wir staunen nicht schlecht, wie schwer so ein Elchgeweih wirklich ist. Die Rampe hinauf zur Käfersammlung erfordert etwas Kraft, vielleicht ist auch jemand dabei, der schieben hilft. Schliesslich fahren wir mit dem grossen Glaslift noch ins Untergeschoss, wo die Ausstellung den Themen Steinen und Erdgeschichte mit Meteoriten, Gold und Co. gewidmet ist.

Oben: Verschiedene Geweihe ertasten.
Seite 147: Vom riesigen Elefanten droht keine Gefahr. Er wurde wie andere Tiere präpariert.

Das Schweizer Tropenerlebnis – oder im Reich der Schmetterlinge

24

Papiliorama

Im Tropenparadies Papiliorama flattern rund 1000 Schmetterlinge aus allen Tropenregionen der Welt in einem üppigen grünen Garten frei um die Besucher herum. Auf den Pflanzen können Eier und Raupen und im Schlupfkasten die Puppen der rund 70 Schmetterlingsarten entdeckt werden. Das gesamte Papiliorama ist rollstuhlgängig.

Kerzers (438 m ü. M.) liegt im Seeland und gehört zum Kanton Fribourg. In Kerzers wird Deutsch gesprochen.

S5 Bern–Kerzers (Niederflurzüge), von dort ca. 700 m zu Fuss der Bahnstrecke entlang (Kursbuch 305.1).

Auf der A1 Bern–Lausanne bis Kerzers, weiter Richtung Lyss bis zum Papiliorama. Sechs Rolliparkplätze direkt vor dem Haus.

Täglich ausser 25.12. und 1.1.; im Sommer von 9 bis 18 Uhr, im Winter von 10 bis 17 Uhr.

Der Besuch im Papiliorama dauert etwa zwei Stunden, mit der Eröffnung des Jungle Trek 2008 verlängert sich der Aufenthalt auf etwa drei Stunden.

Unter den Kuppeln des Papilioramas und Nocturamas führen die Wege bergauf und bergab.

Papiliorama Swiss Tropical Gardens
Moosmatte, 3210 Kerzers
Tel. 031 756 04 61
www.papiliorama.ch

Schmetterlinge und exotische Pflanzen so weit das Auge reicht.

Eintauchen in die Wunderwelt der tropischen Natur: Wo versteckt sich das Äffchen «Anne»?

148

Auf asphaltierten Wegen fahren wir durch die verschlungenen Dschungelpfade im Papiliorama und beobachten die überall flatternden Schmetterlinge.

Unser Ausflugsziel

Vor der winterlichen Kälte müssen wir nicht immer gleich in die Karibik oder in andere tropische Regionen fliehen. Manchmal genügt auch ein Ausflug ins Papiliorama bei Kerzers, um etwas Wärme und tropisches Feeling zu tanken. Doch auch im Sommer ist das Papiliorama mit seinen vielen Schmetterlingen ein beliebtes Ausflugsziel.

Als Rollifahrer geniessen wir im Papiliorama freie Fahrt. Beide Kuppeln, das Papiliorama und das Nocturama, sind ohne Hindernisse wie Treppen oder Schwellen zugänglich. Wer nicht so kräftig in den Armen ist und mit dem Handrolli anreist, sollte jedoch eine Begleitperson zum Schieben mitnehmen. Im tropischen Paradies gehts häufig rauf und runter. Ausserdem müssen alle, die nicht mit dem Auto unterwegs sind, etwas Zeit für den Hin- und Rückweg auf dem ebenen Fussweg entlang dem Gleis zwischen dem Bahnhof Kerzers und dem Papiliorama einkalkulieren.

Eine besondere Attraktion sind neben den bunten Schmetterlingen natürlich die blitzschnellen Kolibris, welche ständig auf Nektarsuche sind und den Besuchern bereitwillig ihr Flugtalent demonstrieren. Die zahlreichen Wasserläufe und Weiher im Dom sind mit verschiedensten Fischarten bevölkert.

Das Nachthaus Nocturama wurde inspiriert vom 11 000 Hektaren

Rolli-Infos

Anreise mit dem Auto oder mit Elektrorolli leichter Ausflug!

Öffentliche Verkehrsmittel
Zwischen Bern und Kerzers verkehrt abwechselnd ein Niederflurzug und ein RegioExpress. Für den RegioExpress wird ein Mobilift mit vorheriger Reservation benötigt. Der zweite Bahnhof Kerzers-Papiliorama wird zurzeit nur vom Regionalzug angefahren. Die Station ist kein Stützpunktbahnhof.

Bodenbeschaffenheit
Teerweg entlang der Bahn zwischen Kerzers und Papiliorama. Das letzte, kurze Stück bis zum Eingang besteht aus Kiesweg und problemlos befahrbaren Holzlatten. Im Papiliorama und Nocturama sind alle Wege asphaltiert oder mit gut verfugten Steinplatten ausgelegt. Im Aussenbereich treffen wir auf holprige Betonwege und Kiesböden.

Neigungen
Lange Rampe mit 10 % Steigung im Bahnhof Kerzers. Vor dem Eingang ins Papiliorama gilt es einen geringen Höhenunterschied zu überwinden. Die Wege im Papiliorama und Nocturama weisen Steigungen bis 12 % auf. Im Garten gibt es eine Steigung von 17 % über 15 m.

Signalisierung
Keine Signalisierung am Bahnhof Kerzers. Bei der Einfahrt mit dem Auto auf die Signalisierung für die Rolliparkplätze achten.

Hindernisse/Zugänge
Die Türen im Eingangsbereich sind 140 und 150 cm und öffnen sich automatisch. Es ist eine stufenlose Zufahrt möglich. Die Zugänge zum Papiliorama und Nocturama weisen Türbreiten von 84 bis 105 cm auf. Die Wege sind an ihrer engsten Stelle 110 cm breit. Der stufenlose Eingang in den Garten misst 89 cm.

Rollstuhlgängige WCs
Bahnhof Kerzers: Türbreite 85 cm, Sitzhöhe 52 cm, 2 Haltegriffe vorhanden, links fest montiert, rechts beweglich. Klappspiegel. Lavabo unterfahrbar (84 cm hoch), Eurokey erforderlich. Papiliorama: Türbreite 90 cm, Sitzhöhe 45 cm, 1 beweglicher Haltegriff links vorhanden.

Restaurant
Die Snack-Bar ist stufenlos befahrbar. Die Thecke weist eine Höhe von einem Meter auf.

Übernachtung
Das nächste Rollihotel befindet sich in Murten an der Rathausgasse – Hotel Krone (Tel. 026 670 52 52), 500 m vom Bahnhof und verfügt über ein Spezialzimmer. Weitere Hotels im Internet unter www.rollihotel.ch.

Hilfestellungen
Drei Handrollstühle zum Ausleihen.

Besonderes
Begleithunde sind nicht erlaubt.

Fahrdienste, Taxis
Passe-Partout Lac, Muntelier
Tel. 026 672 11 88

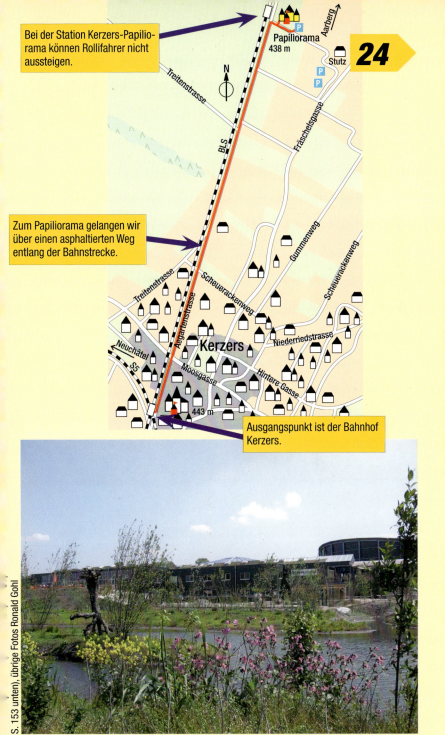

Auch im Aussenbereich des Papiloramas in Kerzers blühen unzählige einheimische Arten. Das Gebäude wird von einem romantischen Teich umgeben.

24 · Jungle Trek

Das Papiliorama arbeitet zurzeit am Bau seiner dritten grossen Ausstellung: dem Jungle Trek. Dieser Dom wird eine maximale Höhe von 18 Metern aufweisen und dem Besucher erlauben, sich mitten in einen ausgewachsenen, zentralamerikanischen Tropenwald zu begeben. Der Besuch des Jungle Trek wird sich in drei Dimensionen abspielen, und der Dom soll von zahlreichen Tieren bevölkert werden: Tukanen und vielen anderen bunten Vogelarten, Leguanen, Fröschen, Fischen usw. Durch das Papiliorama-Naturreservat in Belize inspiriert, wird der Jungle Trek zahlreiche Baum- und Pflanzenarten aus dem Reservat beinhalten, darunter einzigartige Exemplare in Europa. Mit dem Jungle Trek ergibt sich ein faszinierender Einblick in den tropischen Regenwald, wie er sonst nur in der Natur möglich ist. Dieser Garten wird nebst seiner abenteuerlichen Seite auch ein wichtiges didaktisches Werkzeug sein, um den Besuchern die Vielfalt der tropischen Lebensräume näherzubringen. Im Jungle Trek werden wir unter anderem durch Galeriewälder, Brackwasserwälder und Süsswassersümpfe gehen bzw. mit dem Rolli fahren. Am Aussenrand der Kuppel können spektakuläre Arten wie Wieselkatzen und Nasenbären entdeckt werden.

grossen Naturreservat Shipstern in Belize, Zentralamerika, welches von der Schwesterstiftung des Papilioramas, dem ITCF, gegründet wurde. Nachtaktive Tiere der Wälder des tropischen Amerikas wie Faultiere, Wickelbären oder Ozelots können durch geschickte Umkehrung des Tages- und Nachtzyklus in einer Vollmondnachtatmosphäre bei ihren nächtlichen Streifzügen beobachtet werden. Im Nocturama gilt ein striktes Fotografierverbot, auch sollte man die Stille der Nacht respektieren und sich nur flüsternd verständigen. Unter beiden Kuppeln kommen wir mit dem Rolli gut voran, meistens sind wir sogar näher bei den Pflanzen als Fussgänger, die sich bücken müssen, um die Schmetterlinge zu betrachten.

Der Rundweg durch die Gartenanlagen mit dem Streichelzoo, einem Picknickplatz und dem etwas kleineren Schmetterlingsdom mit einheimischen Arten empfiehlt sich zum Abschluss des Papiliorama-Ausflugs.

Im Dom bietet der Weg Einblick in die farbenfrohe Unterwasserwelt der Tropen.

Oben: Schautafeln, für Rollifahrer auf idealer Höhe angelegt, liefern wichtige Infos.
Unten: Über 70 Schmetterlingsarten, darunter auch ein Danaus plexippus (Monarch).

*Grossartiges Naturerlebnis
am bezaubernden Bergsee* **25**

Schwarzsee

Der Schwarzsee im Fribourger Senseland ist ein kleines Sommer- und Winterparadies mit vielen Freizeitmöglichkeiten. Umgeben von geheimnisvollen Urlandschaften, Schluchten und Wasserfällen, verspricht die Region ein grossartiges Naturerlebnis. Für uns Rollifahrer bietet sich eine leichte Wanderung rund um den Schwarzsee.

Schwarzsee (1047 m ü. M.) liegt im fribourgischen Senseland. Die Region ist ein beliebtes Ausflugsziel.

Mit den SBB bis Fribourg, weiter mit dem Niederflurbus nach Schwarzsee-Gypsera (Kursbuch 250.62).

Auf der A12 Bern–Fribourg bis Ausfahrt Düdingen, weiter über Tafers und Plaffeien zum Schwarzsee. 2 Rolliparkplätze vor dem Restaurant Gypsera.

Der Seerundweg ist während der Sommersaison von ca. Anfang Mai bis Ende Oktober geöffnet.

Die Wanderung mit dem Rolli dauert rund um den See etwa 1 h 30 min, kleine Pausen eingerechnet.

Auf und ab von wenigen Höhenmetern. Bei der Seeweid ca. 30 Höhenmeter.

Schwarzsee Tourismus
1716 Schwarzsee FR
Tel. 026 412 13 13
www.schwarzsee.ch

Der Natur- und Wanderweg beginnt gleich nach der Bushaltestelle in Gypsera.

Oben: Idyllische Kapelle in Schwarzsee-Bad.
Unten: Gut gelaunt unterwegs am Südufer.

Die zahlreichen Ruhebänke laden immer wieder zu Ruhepausen ein, bei denen wir picknicken oder ganz einfach die Schönheit der Landschaft bewundern können.

Unser Ausflugsziel

Der Schwarzsee im Kanton Fribourg ist nicht nur ein malerischer Voralpensee, sondern auch eine Ferienregion, an der drei verschiedene politische Gemeinden teilhaben: Jaun, Charmey und Plaffeien. Je nach Lichteinfall schimmert der 500 Meter breite, 1500 Meter lange und zwölf Meter tiefe See türkisblau bis schwarz. Unsere Schwarzsee-Wanderung beginnt direkt bei der Bushaltestelle Gypsera, die wir mit dem absenkbaren Niederflurbus von Fribourg aus erreichen. Zum Aussteigen kann eine Rampe ausgeklappt werden. Wir überqueren die Strasse auf dem Fussgängerstreifen und erreichen den Wanderweg. Dieser zieht sich, zunächst ziemlich eben, am Restaurant Gypsera vorbei dem Ostufer des Schwarzsees entlang. Wir haben die Wahl zwischen einem Mittagessen auf der Sonnenterrasse des Restaurants (an schönen Wochenenden jedoch ziemlich voll) oder einen idyllischen Picknick direkt am Wasser. Die zahlreichen, schön gelegenen Ruhebänke laden geradezu ein, hier einige Zeit zu verbringen und das Treiben der Wasservögel zu beobachten.

Den Schlaglöchern auf dem über zwei Meter breiten Naturweg, die nach Regenfällen mit Wasser gefüllt sind, kann gut ausgewichen werden. Es folgt eine kleine Steigung (10 % über 15 m), danach queren wir die erste von gut einem Dutzend Regenrinnen. Auch

Rolli-Infos

Öffentliche Verkehrsmittel
Der Niederflurbus muss bei der TPF (Tel. 026 351 03 72) 24 h im Voraus bestellt werden.

Bodenbeschaffenheit
Feinkiesiger Wanderweg, einige Schlaglöcher, die umgangen werden können. Zwischen Camping und Schwarzsee-Bad auf der asphaltierten Strasse. Das letzte Stück auf dem Trottoir.

Neigungen
Meist gehts eben dem See entlang, am Ostufer kleine Steigung 15 % über 10 m. Am Südende des Sees im Wald Querneigung 7 % über 30 m. Anschliessend auf der Seeweid die einzige grössere Steigung (12 bis 16 % über 100 m) und einem Gefälle von 13 % über 10 m. Auf dem Trottoir kurz vor dem Restaurant Schwarzsee-Bad gibts einige knifflige Stellen mit Querneigungen bis 15 % über 2 m. Alternativ kann auf die Strasse ausgewichen werden.

Signalisierung
Wanderwegweiser, die Route führt alles dem See entlang, der Weg kann nicht verfehlt werden.

Hindernisse/Zugänge
Mehrere Regenrinnen mit grossen Lücken (15 cm). Die Regenrinnen sollen im Frühjahr 2008 durch schlankere Modelle mit Lücken von 8 cm ersetzt werden. Unterwegs treffen wir auf mehrere Viehgatter, die im Hochsommer, wenn die Kühe auf der Alp sind, meist offen stehen. Sonst können sie (allenfalls von einer Begleitperson) leicht geöffnet werden. Einige dieser Viehgatter weisen auch Flügeltüren (86 cm) auf, die sich leicht schwenken lassen.

Rollstuhlgängige WCs
Restaurant Gypsera: Türbreite 89 cm, Sitzhöhe 50 cm, Haltegriff rechts fest montiert, links beweglich, Lavabo 74 cm hoch. Restaurant Schwarzsee-Bad: Türbreite 87 cm, Sitzhöhe 46 cm, Haltegriff rechts und links beweglich, Lavabo 73 cm hoch. Beim Sportplatz gibt es ein weiteres Rolli-WC.

Restaurants
Die drei Restaurants am Weg (Gypsera, Schwarzsee-Bad und Hostellerie) sind stufenlos bzw. über Rampen erreichbar.

Übernachtung
Zurzeit kein Rollihotel. Weitere Infos unter www.rollihotel.ch.

Hilfestellungen
Eine Begleitperson zum Öffnen der Viehgatter ist von Vorteil.

Besonderes
Viele idyllische Picknickplätze und Ruhebänke am See.

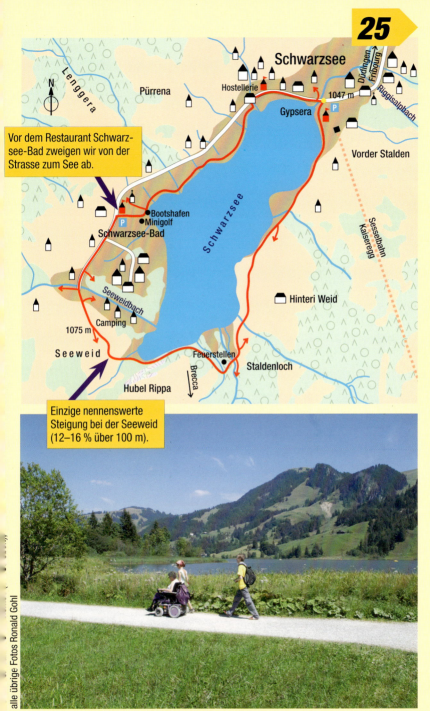

Zwischen Schwarzsee-Bad und der Hostellerie verläuft der Weg parallel zum Seeufer; hier gibt es keine Steigungen, Gefälle und Hindernisse mehr.

25 Urlandschaft Brecca

Der Breccaschlund gilt als eines der schönsten Alpentäler im Kanton Fribourg. Gletscher haben vor Zehntausenden von Jahren ein faszinierendes Landschaftsbild mit eigenartiger Ausstrahlung geschaffen. Geheimnisvoll und still präsentiert sich das Tal am frühen Morgen oder an nebligen Herbsttagen. Vielleicht wird die Stille durch einen schrillen Schrei unterbrochen. Der Schatten des Königs der Lüfte hat die Murmeltiere erschreckt. Auch die Gämsen unterbrechen kurz die Nahrungsaufnahme. Auch wenn kein rollstuhlgängiger Weg in den Breccaschlund führt, so blicken wir während unserer Wanderung entlang dem Ostufer des Schwarzsees in Richtung Brecca und spüren die Kraft und die Schönheit der Natur. Die Urlandschaft der Brecca erstreckt sich zwischen den beiden Gebirgsketten der Spitzflue und Les Recardets.

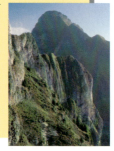

das erste von sechs Viehgattern erwartet uns. Das breite Tor steht im Hochsommer meist offen. Andernfalls kann es leicht geöffnet werden. Nun wandern wir auf einem ebenen Wegstück etwas erhöht über dem Schwarzsee, und anschliessend senkt sich der Weg hinunter zum Breccabach. Wir entdecken mehrere schattige Grillstellen mit Sitzgelegenheiten. In der Regel halten sich hier viele Familien auf, welche es an schönen Sommerwochenenden an den See zieht. Nach einem schattigen Waldweg öffnen wir beim nächsten Viehgatter eine Flügeltür, was keinerlei Probleme verursacht. Auf der Höhe der Seeweid steigt der Weg etwas an und senkt sich dann wieder beim Campingplatz. Wir überqueren den Seeweidbach, wandern ein Stück auf der Strasse und zweigen vor dem Hotel Schwarzsee-Bad wieder zum See ab. Wir könnten einen Abstecher zum behindertengerecht ausgebauten Minigolf unternehmen, anschliessend wandern wir dem Ufer entlang, bis wir kurz vor der Hostellerie am Schwarzsee das Trottoir erreichen. Das letzte Teilstück bis zur Bushaltestelle beim Restaurant Gypsera legen wir auf Hartbelag zurück.

Oben: Bei Schwarzsee-Bad kommen wir zunächst am Minigolf und danach am Bootshafen vorbei.
Seite 159: Natur pur – stehen bleiben und staunen.

Berner Oberländer Champagnerluft 26
Gstaad und Saanen

Legendär ist die Champagnerluft des Oberengadins, doch auch im Berner Oberland gibt es mit Gstaad einen Ort, wo sich der internationale Jetset trifft. Wir schnuppern etwas von der prickelnden Atmosphäre, danach zieht es uns in die Natur, und wir folgen dem rollstuhlgängigen Philosophenweg in Richtung Saanen, wo das Dorf wieder ländlichen Charakter hat.

 Gstaad und Saanen (1010 m ü. M.) liegen im Hochtal des Saanenlandes im westlichen Berner Oberland.

 Wir erreichen Gstaad über Spiez und Zweisimmen (zweimal umsteigen) mit den BLS und MOB (Kursbuch 310, 320, 120).

 Auf der A6 Bern–Interlaken bis zur Verzweigung Lattigen, von dort weiter durchs Simmental und über Zweisimmen nach Gstaad. Zwei Rolliparkplätze im Parkhaus von Gstaad.

 Die Wanderung ist möglich, sobald kein Schnee mehr liegt, von ca. Mitte April bis Ende Oktober.

 Wenn wir es gemütlich nehmen und auch mal Pause machen, benötigen wir rund 1 h 30 min.

 Ebener, rollstuhlgängiger Weg. Es gibt unterwegs keinen nennenswerten Höhenunterschied.

 Hotel Solsana
3792 Saanen/Gstaad
Tel. 033 748 94 94
www.solsana.ch

Oben: Blumiger Empfang in Gstaad.
Unten: Die Fussgängerzone beim Bahnhof.

An der Saane gibt es entlang des Philosophenwegs mehrere lauschige Picknickplätze.

Erfrischung an einem Brunnen entlang der Gschwendstrasse. Das grüne Hochland mit seinen lieblichen Hügeln vermittelt Erholung pur.

Unser Ausflugsziel

Gstaad und St. Moritz spielen in der obersten Gästeliga. Während die St. Moritzer wenig Sorge zu ihrer Architektur trugen und das Ortsbild kaum sehenswert ist, darf Gstaad punkten. Entlang der autofreien Dorfstrasse reiht sich ein blumengeschmücktes Chalet ans andere, so dass man gern von Laden zu Laden flaniert und dabei so manches liebevoll gestaltetes Detail entdeckt.
Unsere Wanderung von Gstaad nach Saanen beginnt am Bahnhof, wo wir uns bereits mitten in der Fussgängerzone befinden. Wer mit dem Auto anreist, stellt dieses im Parkhaus am Eingang zur Fussgängerzone ab. Vom Parkhaus bis zum Hotel Bernerhof, wo die Bahnhofstrasse in die Dorfstrasse mündet, gehts leicht bergauf. Danach wandern wir ziemlich eben an der Dorfkapelle vorbei und schauen da und dort in die Schaufenster – Prada, Hermès, Gucci, Chopard, Cartier heissen die internationalen Brands, die hier ihre Luxusgüter anbieten. Nach der Überführung, wo der Zug der Montreux-Oberland Bernois (MOB) mitten durch Gstaad rollt, senkt sich die Strasse, und wir kommen zu einer grossen Kreuzung mit Autoverkehr, wo wir rechts in die Gschwendstrasse einbiegen. Die ersten 200 Meter gibts noch etwas Autoverkehr, deshalb können wir auf dem Trottoir fahren, dieses hat jedoch wegen den zahlreichen Autoeinfahrten mehrere «Bodenwellen». Bei der

Rolli-Infos

Öffentliche Verkehrsmittel
Saanen und Gstaad sind Stützpunktbahnhöfe mit Mobilift. Auch das Umsteigen in Spiez und Zweisimmen verläuft problemlos, wenn man die Reise beim Call-Center Handicap rechtzeitig angemeldet hat.

Bodenbeschaffenheit
Fussgängerzone Gstaad: Asphalt und gut befahrbares Kopfsteinpflaster. Teilweise auch nur Querrinnen, die mit Kopfsteinpflaster ausgelegt wurden. In der Gschwendstrasse fahren wir auf dem Trottoir sowie auf der asphaltierten Strasse. Vom Hotel-Restaurant Bellerive bis zum Camping in Saanen fein gestampfter Kiesboden, von dort bis zum Bahnhof wieder Teerstrasse.

Neigungen
Leichtes Auf und Ab in der Dorfstrasse von Gstaad. Von der Kreuzung Gschwendstrasse an praktisch eben. Eingangs Saanen vor der alten Holzbrücke eine kleine Steigung (15 % über 2 m), danach wieder eben weiter bis zum Bahnhof Saanen.

Signalisierung
Wir wandern zunächst durchs Dorf und achten bei der Kreuzung Gschwendstrasse auf die gelben Wanderwegweiser.

Hindernisse/Zugänge
Ausser den wenigen Autos auf der Gschwendstrasse und den Velofahrern stossen wir unterwegs auf keine Hindernisse.

Rollstuhlgängige WCs
Rolli-WCs gibts im Parkhaus Gstaad, im Bahnhof Gstaad, im Hotel-Restaurant Bellerive, im Bahnhof Saanen sowie natürlich im Hotel Solsana. Zum Beispiel im Bellerive: Türbreite 78 cm, Sitzhöhe 50 cm, Haltegriff rechts fest und links beweglich. Klappspiegel, Lavabo unterfahrbar (72 cm).

Restaurant
Das Bellerive liegt direkt am Wanderweg und verfügt über eine rollstuhlgängige Sonnenterrasse.

Übernachtung
Das Hotel Solsana thront am sonnigen Südhang hoch über Gstaad und ist speziell für blinde und sehbehinderte Gäste eingerichtet. Die meisten Zimmer sind rollstuhlgängig. Tel. 033 748 94 94.

Hilfestellungen
Speziell geschultes Personal und eine Gästebetreuung im Hotel Solsana.

Besonderes
Zahlreiche Läden in der Fussgängerzone von Gstaad sind rollstuhlgängig.

Fahrdienste, Taxis
Solsana-Hotelbus holt die Gäste in Saanen oder Gstaad ab (Réception anrufen).

26

Das Hotel Solsana thront am Sonnenhang über dem Dorf Saanen. Der Hotelbus holt die Gäste in Saanen oder Gstaad ab.

An der Saane gibts zahlreiche Ruhebänke und eine Feuerstelle für Picknickfreunde.

In Gstaad flanieren wir durch die Fussgängerzone der Dorfstrasse.

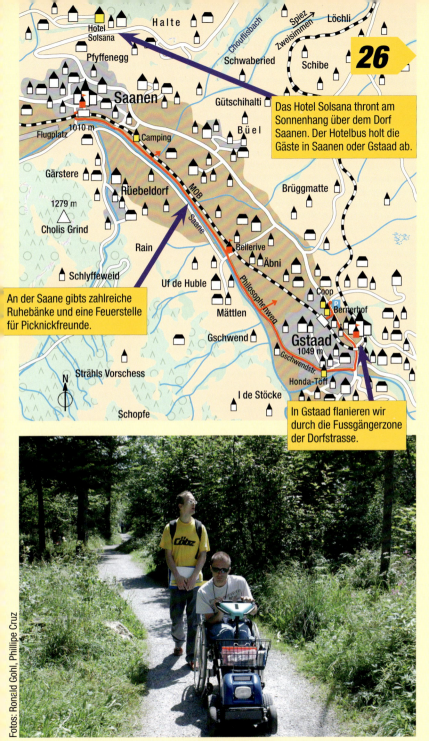

Fotos: Ronald Gohl, Phillipe Cruz

Zwischen dem Restaurant Bellerive und dem Campingplatz wandern wir auf einem romantischen Naturweg durch den ufernahen Wald.

26

Oben: In Saanen angekommen, entdecken wir oben links im Wald das Hotel Solsana.
Seite 164: Fussgängerzone von Gstaad – wir können noch etwas «lädele».

Honda-Töff-Garage fahren wir geradeaus weiter (nicht rechts hinauf), ab hier gilt für Motorfahrzeuge ein Fahrverbot bzw. ein «Zubringerdienst gestattet». Wir kommen gut voran, links von uns rauscht die Saane, und zahlreiche Ruhebänke laden zu Pausen ein. Diese dürfen wir uns ruhig gönnen, denn schliesslich befinden wir uns auf dem Philosophenweg, der zu Ehren des grössten Geigenvirtuosen des 20. Jahrhunderts, Yehudi Menuhin (1916–1999), hier eingerichtet wurde. Beim Restaurant Bellerive haben wir Halbzeit. Wir kreuzen eine Autostrasse und setzen unsere Wanderung entlang der Saane auf einem Kiesweg fort. Unser Weg führt zwischen Fluss und MOB-Bahnstrecke durch ein Wäldchen. Am Weg liegt auch eine Feuerstelle mit Tisch und Bänken. Kurz vor der alten Holzbrücke nehmen wir eine kleine Steigung, danach fahren wir wieder auf Hartbelag durch den Campingplatz von Saanen. Wir biegen erst bei der zweiten Abzweigung übers Bahngleis ab und treffen kurz vor dem Flugplatz beim Bahnhof Saanen ein. Hier können wir mit dem Zug zurückfahren, oder wir lassen uns vom Hotelbus abholen, übernachten im Solsana und wandern am nächsten Morgen von Schönried über Gruben zurück nach Gstaad.

Hotel Solsana

Wie das feudale Palace von Gstaad, ist schon von Weitem das Hotel Solsana sichtbar, das hoch über Saanen am Waldrand thront. Der markante, 1913 fertiggestellte Bau mit seinen beiden Türmchen wirkt ebenso prunkvoll wie das Palace. Doch statt Glanz und Gloria bietet das Solsana Erholung für Blinde, Sehbehinderte und Rollifahrer. Im ganzen Haus gilt barrierefreies Vorankommen. Die Zimmer sind rollstuhlgängig eingerichtet und alles – selbst die Ergebnisse in der Kegelbahn – ist mit Blindenschrift angeschrieben. Im Lift sagt eine sanfte Stimme aus dem Lautsprecher, in welchem Stockwerk wir uns gerade befinden.

Die Gäste werden mit dem hoteleigenen Kleinbus am Bahnhof abgeholt, der auch über einen eingebauten Mobilift verfügt. Das Bildungs- und Ferienzentrum, wie sich das Dreisternehotel Solsana nennt, gehört dem Schweizerischen Blinden- und Sehbehindertenverband. Selbstverständlich sind auch alle übrigen Gäste im Solsana willkommen. Entsprechend viel wird geboten: grosses Hallenbad mit Whirlpool, Massagedüsen und Gegenstromanlage. Sauna, Sanarium,

Solarium und Fitnessraum. Kegelbahn, Bibliothek und Musikzimmer, W-LAN Access Point in der Lobby und in den Kursräumen. Wintergarten, Hotelbar mit Cheminée, wo manchmal auch ein Organist spielt, sowie Aufenthalts- und Kursräume von 30 bis 167 m². Und damit es den kleinsten Gästen nie langweilig wird, gibts auch ein Spielzimmer, einen grossen Spielplatz und einen Playstation-/Videoraum. Ganz speziell sind die Hundetoilette und der Pflegeraum für Hunde mit Dusche und Föhn. Infos unter www.solsana.ch oder Tel. 033 748 94 94.

Emmentaler Schaukäserei AG
CH-3416 Affoltern i.E.

Emmentaler Schaukäserei im Herzen der Schweiz

Vier Gebäude • vier Käsereigenerationen
Käsespezialitäten-Restaurant • Käsefachgeschäft
Bäckerei-Konditorei • Handwerksladen
Kinderspielplatz • Aussenterrasse

Wechselnde Ausstellungen im Saal

Auskunft und Anmeldung von Gruppen
Telefon 034 435 16 11 • info@showdairy.ch
Täglich geöffnet • Eintritt frei • Rollstuhlgängig
www.showdairy.ch

Auf den Spuren von Murmelis und Haslizwergen

27 Hasliberg

Muggestutz heisst der älteste Haslizwerg, ein kurliger, aber lieber Gesell. Die Abenteuer von Muggestutz werden in den farbenfroh illustrierten Büchern von Susanna Schmid-Germann und auf zwei Erlebniswegen erzählt. Rollifahrer begegnen nur am Rande der Muggestutz-Legende, dafür entdecken wir den Murmeliweg und fahren mit der Adler-Gondel (Eagle Express).

Der Hasliberg (1050 m ü. M.) liegt auf einer Sonnenterrasse oberhalb von Meiringen und besteht aus mehreren kleinen Dörfern.

Mit dem GoldenPass (eingebauter Mobilift) von Interlaken nach Brienz, weiter mit dem Postauto bis Hasliberg-Twing.

Von Luzern oder Interlaken bis Brünigpass, wo wir Richtung Hasliberg abzweigen. Parkplatz in Twing.

Die Wanderungen sind von ca. Mitte Mai bis Mitte Oktober möglich, Betriebszeiten Bahnen beachten.

Tagesausflug. Wanderungen Käserstatt–Mägisalp rund eine Stunde, Mägisalp–Bidmi ca. 45 Minuten.

Käserstatt–Mägisalp: 50 m bergauf, 150 m bergab – Mägisalp–Bidmi: 283 m bergab.

Bergbahnen Meiringen-Hasliberg
3860 Meiringen
Tel. 033 971 35 81
www.meiringen-hasliberg.ch

Oben: Auftakt mit kurzen Steigungen gleich nach der Bergstation Käserstatt.

Oben und unten: Gemütliches Picknick und Erfrischung am Brunnen auf der Mägisalp.

Fantastisches Panorama: Vom Alpen tower haben wir die Möglichkeit, auf einem festgestampften Wanderweg vorsichtig zum Gipfel mit Aussichtspunkt zu fahren.

Unser Ausflugsziel

Hohfluh, Wasserwendi, Goldern und Reuti heissen die vier kleinen Dörfer auf dem Hasliberg. Mit dem Auto oder Postauto fahren wir via Brünigpass bis Twing unterhalb von Wasserwendi. Hier befindet sich die Talstation der Gondelbahn. Der Bus hält in einer Querneigung (10 % über 10 m). Alternativ dazu können wir mit dem Postauto hinauf nach Wasserwendi und wieder hinunter zur Strasse fahren. Wir müssen dann allerdings eine Steigung von 16 % über 50 Meter bis zur Talstation der Gondelbahn in Angriff nehmen. Ein Rampe (Steigung 15 % über 15 m) führt hinauf zu den 6er-Gondeln (Tür 70 cm, Innenmasse 114x132 cm). Der Höhenunterschied wird mit einer mobilen Rampe überwunden. Auf Käserstatt angekommen, gehts zunächst auf einem Kiesweg zu den Alphütten hinunter (Gefälle max. 20 % über 10 m). Hier zweigen wir links ab und folgen dem Wanderweg Richtung Mägisalp. Es folgen mehrere kurze Steigungen bis max. 20 % über 25 m. Nach einem Hohlweg haben wir den Höhepunkt erreicht, zunächst führt der Panoramaweg mit Blick auf die Engelhörner und bis hinüber zum Eiger ein Stück geradeaus, danach gehts über eine längere Strecke (ca. 2 km) bergab. Mit Gefälle von 17 bis 25 % müssen wir rechnen. Vielleicht haben wir dabei auch die Möglichkeit, ein Murmeltier zu beobachten, ihre schrillen Warnpfiffe sind auf

Rolli-Infos

Nur Alpen tower und Mägisalp–Bidmi sehr leicht

Öffentliche Verkehrsmittel
GoldenPass-Zug mit eingebautem Mobilift. Beim Postauto kann man sich telefonisch anmelden (Tel. 033 952 15 45), dann wird der Niederflurbus mit Faltrampe verwendet.

Bodenbeschaffenheit
Wanderweg, zwischen Käserstatt und Mägisalp recht holprig. Gut gestampfter Gipfelweg beim Alpen tower. Leicht zu befahrende Teerstrasse zwischen Mägisalp und Bidmi.

Neigungen
Die Wanderung beginnt mit mehreren kurzen Steigungen auf Käserstatt (10–15 % über jeweils 10–30 m). Nach dem Höhepunkt folgt eine teils steile Abfahrt (Gefälle 17–25 % über etwa 500 m sowie 10–18 % über 100 m). Zwischen dem Alpen tower und dem Gipfel von Planplatten Steigung 18 % über 15 m sowie mehrere kleine Steigungen. Von der Mägisalp nach Bidmi fahren wir auf einer kontinuierlich bergab neigenden Teerstrasse (7–13 % über etwa 3 km).

Signalisierung
Wir beachten die gelben Wanderwegweiser.

Hindernisse/Zugänge
Die beiden Gondelbahnen Twing–Käserstatt sowie Eagle Express sind mittels Rampen zugänglich. Unbedingt Rampen verlangen (Twing und Käserstatt 25 % über 50 cm). Beim Eagle Express Zwei-Schienen-Rampe (20 % über 1 m). Die Bänke lassen sich hochklappen. Ebenerdig kann in die Gondeln Mägisalp–Reuti eingefahren werden. Der Zugang zur Station Mägisalp ist relativ steil – Kiesweg, Steigung 18 % über 20 m. Beim Alpen tower ist der Zugang eben. Auf dem Wanderweg Käserstatt–Mägisalp gibts einige schwierig zu befahrene Querrinnen.

Rollstuhlgängige WCs
Rolli-WCs gibts auf Käserstatt, Mägisalp, im Alpen tower sowie in Reuti, z. B. Alpen tower: Türbreite 89 cm, Sitzhöhe 39 cm, 2 Haltegriffe vorhanden, links fest montiert, rechts beweglich, Klappspiegel, Lavabo unterfahrbar (68 cm).

Restaurant
Die Bergrestaurants Käserstatt, Mägisalp, Alpen tower und Bidmi sind alle rollstuhlgängig.

Übernachtung
Das Hotel Viktoria (Tel. 033 972 30 72) bei der Talstation der Gondelbahn in Reuti verfügt über mehrere Spezialzimmer. Weitere Hotels im Internet unter www.rollihotel.ch.

Hilfestellungen
Die Bergbahnen Meiringen–Hasliberg organisieren die Überfuhr des Privatautos von Twing nach Reuti (Kasse Reuti: Tel. 033 971 35 81).

Besonderes
Die Wanderung Käserstatt–Mägisalp ist für Handrollis ohne Traktionshilfe schwierig.

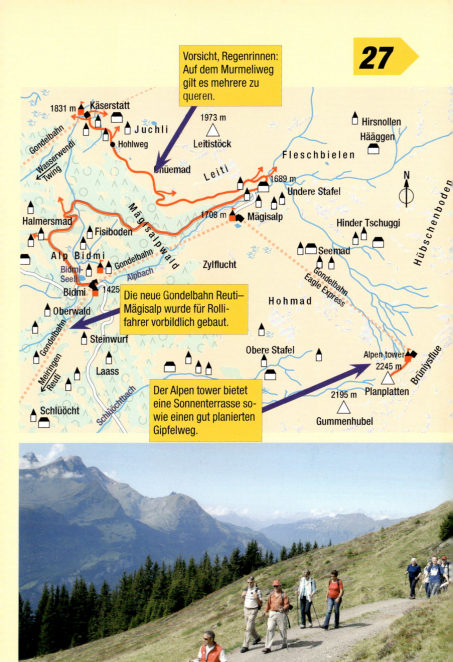

Den Wanderweg Käserstatt–Mägisalp befahren wir am besten mit Traktionshilfe, zum Beispiel mit einem Handbike oder einem Swiss-Trac.

27 *Neues vom Muggestutz*

In den Neunzigerjahren erschien das erste Muggestutz-Buch von Susanna Schmid-Germann, das zusammen mit dem Muggestutz-Weg eine Geschichte zum Anfassen bot. Die Neuheit verbreitete sich in Windeseile, und aus dem ganzen Land strömten die Familien mit ihren Kindern auf den Hasliberg. Heute hat die Autorin drei Muggestutz-Bände herausgegeben, welche zu den meistgelesenen Kindergeschichten der Schweiz zählen. Inzwischen oft kopiert, doch nie erreicht, verzeichnet das Muggestutz-Konzept noch heute ungebrochene Beliebtheit. Inzwischen wurde sogar ein zweiter Weg, der von Käserstatt zur Mittelstation Lischen führt, eingeweiht.

Erkunden Sie die Muggestutz-Erlebniswege mit der Gebirgstrage (in Mägisalp und Käserstatt ist jeweils eine vor Ort). Mit zwei Begleitpersonen ist die Gebirgstrage problemlos zu bedienen. Falls Sie es wünschen, kann das Personal der Bergbahnen Ihre Wanderung begleiten (nur auf Voranmeldung).

jeden Fall unüberhörbar. Etwas Mühe bereiten die zahlreichen Querrinnen mit bis zu 20 Zentimeter breiten Lücken. Nach der Talebene von Mägisalp überwinden wir die kurze Steigung bis zur Mittelstation der Gondelbahn (18 % über 20 m). Mit dem Eagle Express fahren wir anschliessend zum Alpen tower auf Planplatten. Der Zugang erfolgt mittels einer mobilen Alurampe. Die 8er-Gondel (Tür 80 cm, Innenmasse 100x160 cm) ist sehr geräumig, und dank den riesigen Panoramafenstern wird die Fahrt zum Genuss. Auf 2245 m ü. M. angekommen, können wir uns auf der Terrasse des Panoramarestaurants verpflegen und auf dem Gipfelweg bis zum höchsten Punkt fahren. Wieder zurück auf der Mägisalp, entscheiden wir uns für die breite Teerstrasse hinunter nach Bidmi. Dieser Alpweg ist sehr leicht zu befahren und für jedermann geeignet. Die letzte 8er-Gondelbahn (Zugang mittels Steigung 12 % über 40 m) Bidmi–Reuti bereitet keinerlei Probleme (Tür 80 cm, Innenmasse 130x150 cm). Von Reuti fahren wir mit dem Postauto zurück nach Twing.

Kurz vor der Talfahrt nach Reuti geniessen wir noch einmal das Panorama am Bidmi-Seeli.

Mit den gelben 6er-Gondeln schweben wir von Twing nach Käserstatt auf 1831 m ü. M.

Eine eindrucksvolle Reise in die Vergangenheit

Ballenberg Ost

28

Im ersten Band unseres Freizeitführers «Ausflugsspass ohne Hindernisse» haben wir auf Seite 131 den Westteil des Freilichtmuseums Ballenberg vorgestellt. Weil der ganze Ballenberg selbst für flinke Fussgänger kaum in einem Tag machbar ist, wollen wir uns in diesem Kapitel auf die Möglichkeiten für Rollifahrer im Ostteil konzentrieren.

Brienzwiler (575 m ü. M.) liegt an der Brünig-Passstrasse unweit des Schnitzlerdorfes Brienz.

Zentralbahn bis Brünig oder Brienz, weiter mit dem Postauto bis Brienzwiler (Kursbuch 470, 470.50).

Hauptstrasse bzw. A6 von Interlaken oder Luzern bis Brienzwiler (Ausfahrt beachten). Beim Osteingang gibts zwei Rolliparkfelder.

Mitte April bis Ende Oktober von 10.00 bis 17.00 Uhr geöffnet.

Aufenthaltsdauer zwischen zwei und vier Stunden, je nach Interesse und Besichtigungsplänen.

Im Freilichtmuseum gehts überall auf und ab, Hilfsperson oder Swiss-Trac unbedingt empfohlen.

Freilichtmuseum Ballenberg
3855 Brienz
Tel. 033 952 10 30
www.ballenberg.ch

Oben: Treicheln im Appenzeller Haus.
Unten: Korber im Bauernhaus Escholzmatt.

Das imposante Wohnhaus von Sachseln OW liegt an unserem Weg in der Zentralschweiz.

Links: Im östlichen Mittelland orientieren wir uns auf dem Rolli-Übersichtsplan.
Rechts: Im Bauernhaus von Uesslingen TG können wir «Bretzeli» kosten.

Unser Ausflugsziel

Obwohl der Westteil des Freilichtmuseums Ballenberg grundsätzlich mehr Vorzüge und zugängliche Häuser für Rollifahrer aufzuweisen hat, wollen wir auch den Ostteil erkunden. Dieser kommt nämlich meist zu kurz, wenn wir uns im Westteil aufhalten, da die Wege hinüber in den Osten doch etwas lang sind.
Der Osteingang ist gut zugänglich. Gleich vor der Kasse (die Theke hat eine Höhe von 108 cm) erwartet uns eine kleine Rampe mit einer Steigung von 13 % über 6 Meter, die nicht im kostenlosen Übersichtsplan aufgeführt ist, den wir bei der Kasse verlangen sollten. Für Rollifahrer gilt der IV-Tarif, eine Begleitperson ist kostenlos. Nachdem wir unseren Obolus an der Kasse entrichtet haben, gehts schon zünftig los – und zwar mit einer Steigung von 11 % über ca. 150 Meter. Hier ist eine kräftige Begleitperson, ein Elektrorolli oder Swiss-Trac gefragt. Die Wege im Freilichtmuseum sind naturbelassen und daher oft steinig und uneben. Bei der Töpferei von Unterseen BE und der Schmiede von Bümpliz BE haben wir die Steigung gemeistert und freuen uns über die ersten beiden für Rollifahrer zugänglichen Häuser. In diesen wird abwechslungsweise entweder getöpfert oder geschmiedet, so dass auch Bewegung ins Museum kommt. Die Töpferei ist vom Seiteneingang her über eine Metallrampe befahrbar. In die Schmiede kommen wir durchs grosse

Rolli-Infos

Öffentliche Verkehrsmittel
GoldenPass-Zug mit eingebautem Mobilift. Beim Postauto kann man sich telefonisch anmelden (Tel. 033 952 15 45), dann wird der Niederflurbus mit Faltrampe verwendet.

Bodenbeschaffenheit
Im Freilichtmuseum treffen wir auf Kieswege, Forststrassen und Kopfsteinpflaster vor den Häusern.

Neigungen
Das Freilichtmuseum hat speziell für Rollifahrer eine Karte herausgegeben, worin alle Steigungen in Prozenten ersichtlich sind. Diese ist an der Kasse erhältlich. Gleich nach dem Osteingang ist eine längere Steigung mit max. 11 % über ca. 150 m zu überwinden. Danach gibts kürzere Steigungsabschnitte von bis zu 17 % über 25 m.

Signalisierung
Im Freilichtmuseum Ballenberg finden wir Wegweiser mit Rolli-Piktogramm.

Hindernisse/Zugänge
Die Häuser auf dem Ballenberg sind originalgetreu aufgebaut. Daher werden bei allen Häusern Eingangsschwellen überwunden. Teilweise bestehen gute Rampen (Töpferei Unterseen BE), teilweise sind diese aber auch nur improvisiert (Bauernhaus Brülisau AI).

Rollstuhlgängige WCs
Es gibt im Ostteil insgesamt drei rollstuhlgängige WCs; beim Osteingang, hinter dem Gasthaus Degen sowie bei der Häusergruppe östliches Mittelland. Beispiel Gasthaus Degen: Aussentür 87 cm mit Absatz 4 cm, Innentür 85 cm, Sitzhöhe 48 cm, mobiler Griff rechts, Lavabo unterfahrbar (85 cm), Spiegel klappbar.

Verpflegung
Die Gartenwirtschaft des Gasthauses Degen ist mit dem Rolli problemlos befahrbar. Zwischen der Zentralschweiz und dem Berner Oberland gibts eine Feuerstelle, die gut erreichbar ist. Auf dem Rückweg müssen wir allerdings die steilste Steigung von 17 % über 25 m bewältigen. Der Souvenirshop beim Osteingang ist stufenlos befahrbar.

Übernachtung
Das Hotel Brienzerburli (Tel. 033 951 12 41) an der Hauptstrasse 11 in Brienz verfügt über sechs geeignete Zimmer. Weitere Hotels www.rollihotel.ch.

Hilfestellungen
Als Handrollifahrer nur mit kräftiger Begleitperson empfohlen.

Besonderes
Am Eingang den kostenlosen Rolli-Übersichtsplan verlangen.

Fahrdienste, Taxis
Mäder Reisen, Meiringen
Tel. 033 971 30 30

Von der Häusergruppe östliches Mittelland könnten wir hinüber in den Westteil des Ballenbergs fahren.

28

Im Bauernhaus von Escholzmatt LU ist der Korber tätig. Die genauen Zeiten aller Handwerkerdemonstrationen werden im Internet kommuniziert (www.ballenberg.ch).

Gleich nach dem Osteingang erwartet uns eine etwa 150 m lange Steigung.

Lebendiges Museum: In vielen Häusern können wir alten Handwerkern, wie hier dem Töpfer im Haus von Unterseen BE, über die Schulter schauen.

28 66 Hektaren Ballenberg

Das 66 Hektaren umfassende Gelände des Schweizerischen Freilichtmuseums Ballenberg weist ein unterschiedliches Kleinrelief auf. Grössere, flache Gebiete mit Wiesen wechseln sich ab mit kleinen Erosionstälchen, die den Mischwald durchziehen. Die über 100 Wohngebäude und Wirtschaftsbauten wie Ställe, Scheunen, Waschhäuschen, Dörröfen und Kaltkeller aus nahezu allen Regionen der Schweiz, die im Freilichtmuseum zu bestaunen sind, waren an ihrem ursprünglichen Standort gefährdet und konnten nicht erhalten werden. Als architektonische Zeugen erzählen sie auch von alten Bauweisen – und die entsprechen natürlich noch nicht den heutigen behindertengerechten Standards. So ist bei mehreren Gebäuden das Erdgeschoss zwar mit dem Rollstuhl befahrbar, Drehradius und Manövrierfläche entsprechen jedoch nicht den Normalanforderungen.
Den ländlichen Alltag veranschaulichen nicht nur die Häuser, sondern auch die nach historischen Vorbildern angelegten Bauerngärten, Äcker, Felder und Wiesen sowie die Bauernhoftiere. Handwerker und Handwerkerinnen führen zudem mit alten Werkzeugen und Geräten traditionelle Arbeiten aus.

Tor (Türschwelle 4 cm). Wir fahren weiter, nun leicht bergab, zur Häusergruppe Zentralschweiz. Kurz vor dem Gasthaus Degen aus Hüneberg ZG zweigen wir links ab und fahren bis zum Bauernhaus von Escholzmatt LU, wo wir am Mittwoch, Donnerstag und Sonntag dem Korber Gottlieb Heid über die Schulter blicken können. Die 10 Zentimeter hohe Schwelle hinein ins Haus schaffen wir nur mit Hilfe. Nach diesem eindrücklichen Erlebnis rollen wir zurück zum Gasthaus Degen und anschliessend durch den Wald hinunter zur Häusergruppe östliches Mittelland. Die wunderschönen Riegelhäuser sind eine Augenweide, und vielleicht werfen wir einen Blick in die Küche des Uesslinger Hauses TG, wo gerade «gebretzelt» wird. Das Tenn und die Öle sind rollstuhlgängig. Nach diesem Abstecher gehts wieder hinauf zur Zentralschweiz und zum Appenzeller Haus von Brülisau AI. Auch die Feuerstelle ist von hier aus nicht weit, und so können wir uns stärken, bevor wir nach so viel Landschafts- und Kulturgenuss den Heimweg antreten.

In der Alpkäserei von Kandersteg BE hat der Käser das «Chäschessi» angefeuert und bereitet einen würzigen Alpkäse zu.

Oben: Nach dem Besuch des Hauses von Brülisau Al gehts ein Stück bergauf.
Unten: Auch Hühner und andere Bauernhaustiere kreuzen unsere Wege.

Am weiss schäumenden Gletscherbach 29
Fieschertal

Noch vor 50 Jahren war das Walliser Fieschertal nur zu Fuss erreichbar. Heute führt nicht nur eine breite Strasse in das inzwischen touristisch erschlossene Tal, entlang dem Wysswasser können wir auch einen breiten, rollstuhlgängigen Wanderweg mühelos befahren. Fieschertal ist übrigens mit 17 295 Hektaren eine der flächenmässig grössten Gemeinden der Schweiz.

Fieschertal (1108 m ü. M.) liegt am Fuss des Walliser Fieschergletschers, 2 km nördlich von Fiesch.

Mit dem Zug der Matterhorn–Gotthard-Bahn (MGB) von Brig oder Göschenen nach Fiesch, weiter mit dem Postauto (Kursbuch 142, 142.13).

Von Bern via Lötschberg-Autoverlad oder Grimselpass. Von Zürich/Luzern via Furka-Autoverlad oder Furkapass. 2 Rolliparkfelder bei der Eggishornbahn.

Die Wanderung ist von Mai bis Ende Oktober möglich. Bei starken Regenfällen evtl. Einschränkungen.

Die gemütliche Wanderung von Fieschertal nach Fiesch dauert, Pausen nicht eingerechnet, rund eine Stunde.

Der Weg verläuft praktisch eben, bei der Eggishornbahn und beim Bahnhof geringer Höhenunterschied.

Eggishorn Tourismus
3984 Fiesch
Tel. 027 970 60 70
www.fiesch.ch

Einige Postautos haben in Fiesch schon einen elektrischen Lift für Rollifahrer.

Oben: In Fieschertal erkunden wir den Ort. Unten: Das Wysswasser – ein Gletscherbach.

Heute hat das Wysswasser dank seinen Verbauungen und dem Stausee oben am Gletscher weitgehend seinen Schrecken verloren.

Unser Ausflugsziel

Vor einigen Jahren hat Eggishorn Tourismus mit der Gemeinde Fiesch und den Luftseilbahnen Fiesch-Eggishorn AG einen Rolli-Wanderweg eingerichtet und signalisiert, der von Fieschertal dem Wysswasser entlang nach Fiesch führt. Ausgangspunkt unserer Tour ist der Bahnhof Fiesch, wo wir wenige Minuten mit dem Postauto bis Fieschertal fahren. Im kleinen Walliser Ort angekommen, orientieren wir uns am Wegweiser bei der Bushaltestelle. Wir folgen dem Rollipikto, fahren am Schulhaus vorbei zum Wysswasser. Vor der Brücke zweigen wir links ab und wandern nun parallel zum Bach talauswärts. Nach wenigen Metern auf der Höhe des Fussballplatzes endet der Asphalt, und ein breiter Kiesweg nimmt uns auf. Das einzige Hindernis bis zur Brücke über das Wysswasser sind einige Regenrinnen mit einer etwa 11 Zentimeter breiten Lücke. Bei der Brücke mit einem Holzbohlenbelag wechseln wir die Flussseite. Gleich danach meistern wir problemlos ein kurzes Gefälle von 9 % über 20 Meter. Der anschliessende Feldweg verfügt über eine Grasnarbe in der Mitte, ist jedoch gut zu befahren. Wir kommen zur Strassenunterführung beim Kieswerk (Neigung 12 % über 10 m und Gefälle 9 % über 15 m). Normalerweise führt der Weg dem Bach entlang unten durch. Es kann jedoch sein, dass bei Hochwasser oder nach Regenfällen dieser Weg teil-

Rolli-Infos

Öffentliche Verkehrsmittel
Der Bahnhof Fiesch ist zwar kein offizieller Stützpunkt, dennoch verfügt er über einen Mobilift. Fahrt unbedingt mind. 24 Stunden vorher beim SBB Call-Center anmelden (Tel. 0800 007 102). Mit einem Anruf beim Postauto Wallis (Tel. 027 922 00 55 oder E-Mail: wallis@postauto.ch) sollte man sich ebenfalls anmelden, so dass auch wirklich ein Bus mit eingebautem Lift am Bahnhof erscheint.

Bodenbeschaffenheit
Asphalt in Fieschertal, entlang dem Wyssbach feinkörnige Kieswege, vom Parkplatz der Eggishornbahn bis zum Bahnhof Fiesch wieder Asphalt.

Neigungen
Meist ist der Weg eben, kurze Rampen mit Steigungen und Gefälle von 9 bis 12 %, eine Steigung von 19 % über 15 m sowie Umfahrung bei Hochwasser mit Gefälle von 25 % über 2 m. Querneigung zwischen Eggishornbahn und Bahnhof von 12 % über 15 m. Vor dem Bahnhof Steigung von 7 % über 150 m.

Signalisierung
Die ganze Strecke ist mit weissen Rollipiktos signalisiert.

Hindernisse/Zugänge
Beim Kieswerk müssen wir die Talstrasse unterqueren. Bei Hochwasser könnte es sein, dass der Weg überflutet ist. In diesem Fall gibt es eine Umfahrung, wobei wir die Strasse überqueren müssen und eine kurze, aber steile und holprige Rampe zu bewältigen ist (Hilfe zum Schieben notwendig). Quer über dem Weg liegen immer wieder mehrere Regenrinnen.

Rollstuhlgängige WCs
Hotel Restaurant Alpenblick gleich gegenüber der Bushaltestelle in Fieschertal: Türbreite 78 cm, Sitzhöhe 42,5 cm, 2 bewegliche Haltegriffe vorhanden. Lavabo unterfahrbar (73 cm). Ein weiteres Rolli-WC finden wir im Altersheim beim Parkplatz neben der Eggishornbahn und kann von allen Rollifahrern benutzt werden.

Restaurant
Restaurant Alpenblick in Fieschertal. Beim Campingplatz kurz vor Fiesch kann die Sonnenterrasse des Restaurants befahren werden.

Übernachtung
Das Hotel Alpenblick in Fieschertal (Tel. 027 970 16 60) verfügt über zwei Spezialzimmer (Einzel- und Doppelzimmer). Weitere Hotels im Internet unter www.rollihotel.ch.

Hilfestellungen
Es empfiehlt sich, diese Wanderung mit einer Begleitperson zu machen.

Besonderes
Idyllisch gelegene Feuerstelle nach dem Kieswerk.

Fahrdienste, Taxis
Behinderten-Taxi Kleeblatt
3942 Raron, Tel. 027 932 23 57
mariazur_60@freesurf.ch

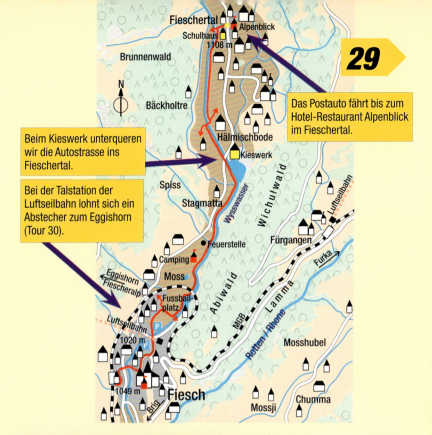

Beim Kieswerk unterqueren wir die Autostrasse ins Fieschertal.

Bei der Talstation der Luftseilbahn lohnt sich ein Abstecher zum Eggishorn (Tour 30).

Das Postauto fährt bis zum Hotel-Restaurant Alpenblick im Fieschertal.

Ohne Steigungen und Hindernisse folgen wir dem breiten Kiesweg, der parallel zum Wysswasser nach Süden führt. Auch für Hand- und Elektrorollis gut geeignet.

29   *Gebändigtes Wasser*

Wer in den Bergen wohnt, lernt, mit den Naturgefahren zu leben. Im Fieschertal brachte das Wysswasser in früheren Zeiten jedoch immer wieder grosses Unheil über die Talbewohner. Regelmässig staute sich der Märjelensee hoch oben beim Gletscher im Frühjahr. Grosse Eisblöcke versperrten den Abfluss. Und als diese Sperre dann plötzlich brach, ergoss sich eine Flutwelle ins Tal. Aus diesem Grund wurde im letzten Jahrhundert der Staudamm oben am Märjelensee erbaut. Seither fühlen sich die Talbewohner nicht mehr ständig bedroht. Ausserdem wurde das Ufer des Wysswassers zum Schutz vor Hochwasser mit grossen Steinblöcken verbaut und das Kieswerk schaufelt regelmässig das Geschiebe aus dem Bach und verwertet, es zu Beton für die Bauindustrie. Dank diesen Massnahmen ist die Lebensqualität im Fieschertal gestiegen, so dass der Ort heute auch vom Tourismus der Region profitieren kann.

Der Weg entlang dem schäumenden Wysswasser ist gut signalisiert.

weise mit Wasser gefüllt ist. In diesem Fall nehmen wir den Alternativweg über die Strasse (Steigung 19 % über 15 m und Gefälle 19 % über 10 m bzw. 25 % über 2 m). Nachdem wir diese Stelle gemeistert haben, entdecken wir auf der linken Seite des Flusses das Kieswerk. Nach etwa 500 Meter wird der Weg schmaler (an der engsten Stelle 90 cm). Wir wandern weiter dem Bach entlang und geniessen an einem heissen Sommertag den willkommenen Schatten. Es folgt eine Feuerstelle, der Campingplatz, und schliesslich fahren wir unter der Bahnbrücke hindurch und erreichen eine Teerstrasse. Hier zweigen wir rechts ab und fahren dem Fussballplatz entlang. Nach etwa 80 Metern beachten wir den Wegweiser mit dem Rollipikto und fahren nochmals etwas holprig über grobe Steine parallel zum Spielplatz bis zum Parkplatz der Eggishornbahn (Kombinationsmöglichkeit mit Tour 30, Seite 186). Wer zurück zum Bahnhof will, nimmt die Steigung (16 % über 10 m) hinauf zur Strasse, danach ca. 500 Meter hinunter zur Kreuzung, über den Fussgängerstreifen und wieder hinauf (Steigung 7 % über 150 m bzw. 10 % über 20 m) zum Bahnhof Fiesch.

mobilcenter von rotz gmbh

**Fahrzeugumbau, Fahrzeug-
vermietung und Hilfsmittel zur
Verbesserung Ihrer Lebensqualität**

**Gasring und
mechanisches
Gas-/Bremssystem**

**Manuelle und
elektrische
Schiebetüren**

**Zentralkommander/
Fernbedienung**
Bedienungselement

**Aufstehstuhl/
Ruhesessel**
In diversen Farben
und Ausführungen!

**mobilcenter von rotz
Tanneggerstrasse 5a
8374 Dussnang
Telefon 071 977 21 19**

www.mobilcentergmbh.ch

dennda

ORTHOPÄDIE
REHATECHNIK

wir machen mobil

Markus Dennda
Kantonsstrasse 5
CH-3930 Visp
Tel.: 027 946 30 28

www.dennda.ch

**Ab April '08 im Bahn-
hofsgebäude Visp!**

Wichtig zu wissen

Im Jahr 1971 eröffnete Peter Locher in der Balfrinstrasse das erste orthopädische Atelier in Visp. Seit Januar 2007 führt Markus Dennda nach 9-jähriger Tätigkeit bei Locher Orthopädie die Firma unter dem Namen «dennda Orthopädie und Rehatechnik» mit einem kompetenten Team weiter. Im Frühling 2008 bezieht der Betrieb moderne hindernisfreie Räumlichkeiten im neuen Bahnhof Visp. Im Patientenbereich stehen freundlich gestaltete Anproberäume zur Verfügung. Im neuen Werkstattbereich werden mit Hilfe moderner Maschinen und Messtechniken sowie handwerklichem Geschick Orthesen, Prothesen, Sitzschalen und Einlagen nach Mass angefertigt und vorkonfektionierte Produkte exakt an den Patienten angepasst.

Pro Ausgabe
Fr. 29.–
Jetzt bestellen bei:
Edition Lan AG
Grundstrasse 24
8344 Bäretswil
www.editionlan.ch

Gletschererlebnisse im UNESCO-Welterbe 30
Eggishorn, Märjelensee

Wir fahren mit der Luftseilbahn zunächst aufs Eggishorn, um die Aussicht auf den Grossen Aletschgletscher, den mächtigsten Eisstrom der Alpen, zu bewundern. Dieses Naturdenkmal steht nicht nur unter Naturschutz, es gehört auch zum UNESCO-Welterbe. Anschliessend führt uns die anspruchsvolle Tour von der Mittelstation Fiescheralp zum Märjelensee und zurück.

Die Bergstation Eggishorn (2869 m ü. M.) liegt auf einem Grat hoch über dem Grossen Aletschgletscher.

Wir erreichen das Eggishorn mit der rollstuhlgängigen Luftseilbahn (Kursbuch 2343). Anreise nach Fiesch siehe Seite 180.

Von Bern via Lötschberg-Autoverlad oder Grimselpass. Von Zürich/Luzern via Furka-Autoverlad oder Furkapass. 2 Rolliparkfelder bei der Eggishornbahn.

Von Mitte Juni bis Ende Oktober ist der Weg zum Märjelensee geöffnet. Es sollte kein Schnee mehr liegen.

Für den Hin- und Rückweg zum Märjelensee rechnen wir mit dem Rolli ca. 4 h, hinzu kommt der Abstecher aufs Eggishorn, ca. 1 h.

Holpriger Weg mit vielen Steinen und steilen Anstiegen. Nur für gut trainierte Rollifahrer.

Luftseilbahnen Fiesch–Eggishorn AG, 3984 Fiesch
Tel. 027 971 27 00
www.eggishorn.ch

Mit der Luftseilbahn gehts über die Mittelstation Fiescheralp zum Eggishorn.

Oben und unten: Auf dem Gipfel rollen wir über einen Holzsteg zum Bergrestaurant.

Die meisten Panoramatafeln mit Erklärungen zu den Gipfeln wurden auf einer Höhe, die gut für Rollifahrer einsehbar ist, angebracht.

Unser Ausflugsziel

Das Panorama vom Eggishorn vergisst man nicht so schnell, es gehört zu den schönsten Bergerlebnissen, die man sich wünschen kann. Und wer die Wanderung zum Märjelensee in Angriff nimmt, wird noch lange an diesen abenteuerlichen Ausflug denken. Vom Bahnhof in Fiesch fahren wir zunächst hinunter (7 % Gefälle über 150 m, 10 % über 20 m) zur Kreuzung. Wir queren die Strasse auf einem Fussgängerstreifen. Nun gehts über 500 Meter leicht bergauf, bis eine Strasse rechts zur Talstation der Luftseilbahn abzweigt. Eine Rampe (12 % über 40 m) führt zum Eingang. Die Glasschiebetüren sind kein Hindernis, und schon schweben wir zur Mittelstation Fiescheralp, wo wir mittels eines Lifts zur Plattform der zweiten, kleineren Luftseilbahn gelangen. Die Spalte zwischen Kabine und Plattform wird vom Personal mittels einer Holzlatte, die schon bereitliegt, überbrückt. Oben angekommen erkunden wir den Gipfel. Links hinaus können wir zu einer kleinen Plattform, von wo aus ein Gitterrost in den ersten Stock des Gebäudes führt. Dort befinden sich die Ausstellung und das Rolli-WC. Der Ausgang auf der rechten Seite führt über einen Holzsteg zur Horli-Hütte, wo wir uns bei einer würzigen Suppe auf der Terrasse etwas aufwärmen können. Immerhin befinden wir uns auf fast 3000 m ü. M. Zurück bei der Mittelstation Fiescheralp, entscheiden sich die

Rolli-Infos

Ohne Wanderung leichter Ausflug!

Öffentliche Verkehrsmittel
Der Bahnhof Fiesch ist zwar kein offizieller Stützpunkt, dennoch verfügt er über einen Mobilift. Fahrt unbedingt mind. 24 Stunden vorher beim SBB Call-Center anmelden (Tel. 0800 007 102). Mit einem Anruf beim Postauto Wallis (Tel. 027 922 00 55 oder E-Mail: wallis@postauto.ch) sollte man sich ebenfalls anmelden, so dass auch wirklich ein Bus mit eingebautem Lift am Bahnhof erscheint.

Bodenbeschaffenheit
Asphalt in Fiesch, Betonböden in den Gebäuden der Luftseilbahn. Holzsteg und Gitterrost auf dem Eggishorn, bei der Horli-Hütte Natursteinboden (nur mit Hilfe befahrbar). Der Wanderweg zum Märjelensee ist breit (geschotterte Alpstrasse), aber mit vielen Unebenheiten und Steinen durchsetzt.

Neigungen
Zwischen Bahnhof und Luftseilbahn leichte Steigung (max. 8 %) und Gefälle (max. 16 % über 10 m), Rampe vor der Talstation (Steigung 12 % über 40 m), Holzsteg zur Horli-Hütte (Steigung 18 % über 15 m), Gitterrost ins Obergeschoss Bergstation (Steigung 20 % über 10 m). Der Weg zum Märjelensee weist Steigungen bis 23 % und Gefälle bis 20 % auf.

Signalisierung
Wir beachten die gelben Wanderwegweiser «Märjela Gletscherstube via Tunnel».

Hindernisse/Zugänge
Zwischen Bahnhof und Talstation Querneigung von 12 % über 15 m. Die Türen von Stationen und Kabinen weisen mindestens 150 cm auf. Lift bei der Mittelstation: 102 x 139 cm, Türbreite 79 cm. Ausgang Bergstation 89 cm. Beim Übergang zwischen Holzsteg und Horli-Hütte müssen zwei Personen helfen, weil es grobe Steinplatten gibt. Der Tälligrattunnel ist dunkel und mit Schlaglöchern, die mit Wasser gefüllt sind, versehen.

Rollstuhlgängige WCs
In der Nähe der Talstation im Altersheim, bei der Mittelstation im Untergeschoss (Lift) sowie bei der Bergstation im Obergeschoss. Beispiel Mittelstation: Türbreite 68 cm, Sitzhöhe 42 cm, 2 Haltegriffe vorhanden, rechts fest montiert, links beweglich, Lavabo unterfahrbar (71 cm). Kein Rolli-WC am Märjelensee.

Restaurant
Kühboden bei der Mittelstation, Horli-Hütte auf dem Eggishorn, Gletscherstube am Märjelensee.

Übernachtung
Hotel Eggishorn, Kühboden, zwei Spezialzimmer, Tel. 027 971 14 44.

Hilfestellungen
Kräftige Begleitpersonen mitnehmen! Für Wanderung: Taschenlampe und Jacke für Tunnel!

Besonderes
Der Ausflug aufs Eggishorn ist leicht. Wer zum Märjelensee fährt, sollte starke Begleiter haben und über ein Zuggerät verfügen.

30

Im Tunnel sollten wir mit einer Taschenlampe die vielen Schlaglöcher ausleuchten.

Barrierefrei gelangen wir bis aufs Eggishorn und geniessen dort das Panorama.

Der Wanderweg von der Fiescheralp zum Märjelensee ist nur mit dem Swiss-Trac zu bewältigen.

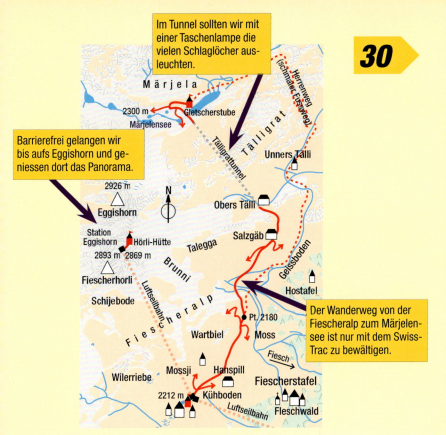

Bei der Alphütte Salzgäb lohnt es sich, eine kleine Verschnaufpause einzuschalten und das Panorama zu geniessen, bevor es weiter bergauf geht.

30 UNESCO-Welterbe

Die Region des UNESCO-Welterbes Jungfrau-Aletsch-Bietschhorn ist nicht nur bekannt für den mächtigsten Gletscher der Alpen und den ältesten Bergwald der Schweiz – hier sind auch Wildtiere wie zum Beispiel Reh, Gämse, Steinbock, Murmeltier, Fuchs und Dachs zu Hause. Bei der Bergstation der Eggishornbahn können wir links und rechts durch die Türen hinaus auf die behindertengerecht ausgestalteten Plattformen. Hier werden auf grossen Tafeln Hintergrundinformationen zum Aletschgletscher geliefert, und eine atemberaubende Aussicht gibts obendrein. Tief unten liegt der längste Alpengletscher, das Herzstück des UNESCO-Welterbes Jungfrau Aletsch-Bietschhorn. Zum Greifen nah sind das Aletschhorn und die Berge der Berner Alpen. Im Süden und Westen reicht der Blick vom Simplonpass über die Mischabelgruppe, Matterhorn und Weisshorn bis zum Montblanc.

Sportlichen und Unternehmungslustigen unter uns zu einer Wanderung zum Märjelensee. Hierzu folgen wir dem Wegweiser nach Nordosten. Wir merken rasch, was Sache ist, denn der Weg ist holprig und steinig. Zunächst gehts bergab (max. Neigung 17 % über 30 m), teils mit Querneigungen (7 % über 20 m) bis zum Punkt 2180. Wir geniessen dabei das Panorama hinunter ins Rhonetal. Bei der zweiten Verzweigung nehmen wir den oberen Weg. Dieser wird gleich ordentlich steil (Steigung 18 % über 70 m, teilweise bis zu 23 %). Haben wir dies geschafft, wird auch der Rest kein Problem mehr sein. Vielleicht müssen wir mit dem Swiss-Trac auch rückwärts bergauf. Es geht nun kontinuierlich über eine Strecke von rund einem Kilometer bis zu 18 % aufwärts. Nach der Alp Salzgäb erklimmen wir über eine S-Kurve eine kleine Anhöhe, danach fällt der Weg wieder leicht hinunter zum Tunnelportal ab. Der Weg im kalten Tunnel wird teilweise bis zu 80 Zentimeter schmal und hat Querneigungen, da der Boden uneben ist. Ständig müssen wir Wasserpfützen ausweichen. Nachdem wir wieder am Tageslicht sind, sehen wir den Märjelensee. Bis zur Gletscherstube (nur Terrasse zugänglich) gehts nochmals über einen Holperweg (Steigung max. 15 % über 250 m), das letzte Stück führt über grobe Steine, wo auch Hilfe notwendig ist. Schliesslich müssen wir den ganzen Weg wieder zurück zum Ausgangspunkt Fiescheralp fahren.

15 Minuten lang dauert der Weg durch den dunklen Tälligrattunnel. Taschenlampe und Jacke mitnehmen!

Oben: Im Oberen Tälli blicken wir zum Fieschergletscher hinüber.
Unten: Bilderbogen unserer Tour – ein Erlebnis, von dem wir noch lange erzählen.

Impressum

CIP-Einheitsaufnahme
Handicapguide – Band 2:
Ausflugsspass ohne Hindernisse/
Ronald Gohl – 1. Auflage
Bäretswil: Edition Lan AG, 2008
ISBN 978-3-906691-34-3
NE: Ralph Bernet

Die Ratschläge, Bilder und Routenvorschläge in diesem Buch sind von Autor und Verlag sorgfältig erwogen und geprüft worden, dennoch kann eine Garantie nicht übernommen werden. Das Reisen und Wandern nach diesen Vorschlägen erfolgt auf eigene Gefahr. Eine Haftung des Autors bzw. des Verlages und seiner Beauftragten für Personen-, Sach- und Vermögensschäden aller Art, die aus den im Buch gemachten Hinweisen resultieren, ist ausgeschlossen.

ISBN 978-3-906691-34-3
© 2008 by Edition Lan AG
CH-8344 Bäretswil,
www.editionlan.ch
1. Auflage 2008

Der Nachdruck, auch einzelner Teile, ist verboten. Das Urheberrecht und sämtliche weiteren Rechte sind dem Verlag vorbehalten. Übersetzung, Speicherung, Vervielfältigung und Verbreitung einschliesslich Übernahme auf elektronische Datenträger wie CD-ROM, Bildplatte usw. sowie Einspeicherung in elektronische Medien wie Bildschirmtext, Internet usw. sind ohne vorherige schriftliche Genehmigung des Verlages unzulässig und strafbar.

Korrektorat: Carsten Zuege
Kartografie: Phillipe Cruz,
Sämi Spörri